SONETOS

SONETOS

LUÍS DE CAMÕES

ORGANIZAÇÃO E PREFÁCIO
Alexei Bueno

EDITORA
NOVA
FRONTEIRA

Direitos de edição da obra em língua portuguesa no Brasil adquiridos pela EDITORA NOVA FRONTEIRA PARTICIPAÇÕES S.A. Todos os direitos reservados. Nenhuma parte desta obra pode ser apropriada e estocada em sistema de banco de dados ou processo similar, em qualquer forma ou meio, seja eletrônico, de fotocópia, gravação etc., sem a permissão do detentor do copirraite.

EDITORA NOVA FRONTEIRA PARTICIPAÇÕES S.A.
Rua Candelária, 60 – 7º andar – Centro – 20091-020
Rio de Janeiro – RJ – Brasil
Tel.: (21) 3882-8200

Imagem de capa: *Auguste Rodin, Romeu e Julieta. Leonid Bogdanov/ Getty Images*

Dados Internacionais de Catalogação na Publicação (CIP)

C185s   Camões, Luís de, 1524-1580
         Sonetos/Luís de Camões; organização e prefácio por Alexei Bueno. - [Ed. especial] - Rio de Janeiro: Nova Fronteira, 2022.
         144 p.; 12,5 x 18cm; (Clássicos para Todos)

         ISBN: 978-65-5640-589-6

         1. Literatura portuguesa. I. Bueno, Alexei. II. Título.

                            CDD: 869
                            CDU: 821.134.3

André Queiroz – CRB-4/2242

CONHEÇA OUTROS
LIVROS DA EDITORA:

Os sonetos de Camões

Maior sonetista da língua portuguesa, no momento em que a mesma se fixava em sua maturidade expressiva, Camões funde em sua lírica todas as formas da poesia de sua época, a ibérica e a europeia. Se nas redondilhas encontramos, sobretudo, a herança popular no velho estilo da península, nos sonetos, odes, oitavas, églogas, canções, elegias e sextinas vemos renascer em Portugal a grande poesia italiana do *dolce stil novo*. Petrarquista, platonizante, antes de tudo poeta do pensamento — como o foram também, cada um à sua maneira, Antero, Pessanha e Pessoa — deixou-nos Camões, em seus sonetos, a parte mais diretamente emocionada e de comunicação mais fulminante de sua obra gigantesca. Sem o narrativo e a pesada carga humanística do seu poema épico, sem as convenções contemporâneas do seu teatro e mesmo de algumas formas outras da obra lírica, podemos dizer que é em seus sonetos que se manifesta para o leitor nosso contemporâneo a face mais rapidamente identificável do modo "menor", o da "agreste avena e frauta ruda", do cantor da "tuba canora e belicosa". Se no primeiro encontramos, ao lado de Tasso, o mais exato cantor épico da Renascença católica, no outro encontramos o grande lírico de qualquer tempo, tão versado nos segredos do amor volátil e da fortuna inconstante que qualquer leitor de qualquer época poderá ter, com a mínima sensibilidade e inteligência, o entendimento dos seus versos. Se o coroamento de toda a sua obra, espécie de palinódia mística, se encontra nas insuperáveis redondilhas "Sôbolos rios que vão", a grande feição do Camões lírico, para quase todos os leitores, se encontra no precioso conjunto de sonetos que agora publicamos, enfrentando os melindrosos problemas levantados por essa parte de sua obra.

Em se tratando da obra lírica de Camões, a primeira questão que se põe, de fato, é a do *corpus* a ser levado em conta, ou seja, do que determinado editor considera como mais ou menos de provável autoria camoniana. Como se sabe, apenas três poemas da lírica foram impressos em vida de Camões, sendo todo o resto resultado de atribuições bem ou mal fundadas, baseadas em manuscritos desaparecidos ou em suspeitas apenas subjetivas. Se as edições ainda do século XVI, as de 1595 e 1598, apenas três lustros e um pouco mais posteriores à morte do poeta, merecem, sob todos os aspectos, a maior confiabilidade, podemos dizer que quanto mais afastados do tempo de vida do autor mais inseguras e duvidosas elas se revelam.

Na presente edição, utilizamos como *corpus* e texto base os da edição da *Obra completa de Camões*, organizada pelo Prof. Antônio Salgado Júnior e publicada pela Editora José Aguilar, em 1963. Nela, o critério adotado foi a reprodução de todas as composições constantes das edições de Agostinho de Campos, em sua *Antologia portuguesa*, de José Maria Rodrigues e Afonso Lopes Vieira, em sua *Lírica de Camões*, de Costa Pimpão e de Hernani Cidade, mesmo que determinada composição só tenha sido aceita em uma dessas edições. Tal critério resultou num total de 211 sonetos. Destes, nesta edição, retiramos quatro, o de número 116, que se inicia com o verso "Co generoso rosto alanceado", soneto sobre a morte de D. Sebastião com alguns fatos métricos dificilmente aceitáveis como de Camões, excetuando-se a possível origem em um apógrafo imperfeito, e de remotíssima possiblidade de autenticidade; o de número 117, "Coitado! que em um tempo choro e rio;", tão estropiado que, mesmo a ser de Camões, o que não é crível, teria sobrevivido numa versão inaproveitável; o de número 191, "Se como em tudo mais fostes perfeita", soneto de Diogo Bernardes, constante de suas *Rimas várias* e só atribuído a Camões pelos delírios de atribuição oriundos do célebre furto do *Parnaso de Luís de Camões*, relatado por Diogo do Couto, com funestas consequências, e o de número 194, "Se grão glória me vem de olhar-te", que se encontra na mesma situação descrita em relação ao 117.

Quanto ao soneto que aqui vai com o número 167, e que em Salgado Júnior, pela lição da primeira edição das *Rimas*, começava com o verso "Tempo é já que minha confiança", seguimos a lição seguramente melhor do *Cancioneiro de ISM*, estudada, em texto lamentavelmente interrompido pela morte, pelo professor Emmanuel Pereira Filho, em sua obra póstuma *As rimas de Camões*.

Deste modo, reúnem-se no presente livro 207 sonetos. Entre eles, sem a menor dúvida, permanecem apócrifos, como seguramente faltam poemas autênticos. Na divisão da lírica concebida pelo Prof. Salgado Júnior, numa primeira parte que só reunia o que foi publicado no século XVI, e numa segunda parte com as atribuições do século XVII ao XIX, percebia-se, claramente, pelo desnível estético entre as duas, esse fato. Na presente edição, onde tais cuidados não se justificariam, o *corpus* vem unificado, com tudo que de 1595 a 1860, ou seja, da primeira edição das *Rimas* até a das *Obras* pelo Visconde de Juromenha, não se revelou indefensavelmente apócrifo. Com todos os senões de tal critério, na falta de outro melhor, podemos dizer que nesse *corpus* se encontra o mais rico conjunto de sonetos da língua portuguesa, em que pese o desnível de algumas peças e o imperfeito de determinados versos, talvez autênticos mas que sobreviveram em lições estropiadas, sem possibilidade de restituição que não fosse altamente temerária. Quanto à ordenação, mesmo levando em conta a possibilidade de uma organização temática ou cronológica, pelo ano da primeira edição e pela posição dentro da mesma, resolvemos seguir uma ordenação puramente alfabética, eliminando, assim, o que de objetivo teria a primeira e de acidental a segunda, ao seguir um critério assumidamente aleatório.

Em relação à ortografia, modernizamos no geral o que não atingia gravemente o substrato fônico ou a métrica. Dessa maneira encontrar-se-á sempre *depois*, e não *despois*, *mim* e não *mi*, *assim* e não *assi* — cujo anasalado parece apenas não se haver transcrito ortograficamente — exceto em determinadas situações métricas. O texto, como dissemos, tem por base o da edição de Salgado Júnior, que, por sua vez, segue o das edições originais, com algumas restituições consensualmente necessárias e a modernização da pontuação, ao que se acrescenta aqui a atualização ortográfica já mencionada. Dentro desses parâmetros, portanto, organizou-se a presente edição, com o objetivo primordial de oferecer ao leitor contemporâneo, sem maiores complicações textuais ou filológicas, esse grande tesouro da poesia e do pensamento que são os sonetos de Luís de Camões.

Alexei Bueno

Sonetos

1

A chaga que, Senhora, me fizestes,
Não foi pera curar-se em um só dia;
Porque crescendo vai com tal porfia,
Que bem descobre o intento que tivestes.

De causar tanta dor vos não doestes?
Mas, a doer-vos, dor me não seria,
Pois já com esperança me veria
Do que vós, que em mim visse, não quisestes.

Os olhos com que todo me roubastes
Foram causa do mal que vou passando;
E vós estais fingindo o não causastes.

Mas eu me vingarei. E sabeis quando?
Quando vos vir queixar porque deixastes
Ir-se a minha alma neles abrasando.

2

A fermosura desta fresca serra
E a sombra dos verdes castanheiros,
O manso caminhar destes ribeiros,
Donde toda a tristeza se desterra;

O rouco som do mar, a estranha terra,
O esconder do sol pelos outeiros,
O recolher dos gados derradeiros,
Das nuvens pelo ar a branda guerra;

Enfim, tudo o que a rara Natureza
Com tanta variedade nos ofrece,
Me está, se não te vejo, magoando.

Sem ti, tudo me enoja e me aborrece;
Sem ti, perpetuamente estou passando
Nas mores alegrias mor tristeza.

3

Ah! Fortuna cruel! Ah! duros Fados!
Quão asinha em meu dano vos mudastes!
Passou o tempo que me descansastes;
Agora descansais cos meus cuidados.

Deixastes-me sentir os bem passados,
Pera mor dor da dor que me ordenastes;
Então nũa hora juntos mos levastes,
Deixando em seu lugar males dobrados.

Ah! Quanto melhor fora não vos ver,
Gostos que assim passais tão de corrida,
Que fico duvidoso se vos vi!

Sem vós já me não fica que perder,
Se não se for esta cansada vida,
Que por mor perda minha não perdi!

4

Ah! minha Dinamene! assim deixaste
Quem não deixara nunca de querer-te!

Ah! Ninfa minha, já não posso ver-te!
Tão asinha esta vida desprezaste!

Como já para sempre te apartaste
De quem tão longe estava de perder-te?
Puderam estas ondas defender-te
Que não visses quem tanto magoaste?

Nem falar-te somente a dura Morte
Me deixou, que tão cedo o negro manto
Em teus olhos deitado consentiste!

Ó mar! ó céu! ó minha escura sorte!
Que pena sentirei que valha tanto,
Que ainda tenha por pouco viver triste?

5

Ai, imiga cruel! que apartamento
É este que fazeis da pátria terra?
Quem do paterno ninho vos desterra,
Glória dos olhos, bem do pensamento?

Is tentar da Fortuna o movimento
E dos ventos cruéis a dura guerra?
Ver brenhas da água e o mar feito em serra,
Levantado de um vento e de outro vento?

Mas, já que vós partis sem vos partirdes,
Parta convosco o Céu tanta ventura,
Que seja mor que aquela que esperardes.

E só nesta verdade ide segura:
Que ficam mais saudades com partirdes,
Do que breves desejos de chegardes.

6

Alegres campos, verdes arvoredos,
Claras e frescas águas de cristal,
Que em vós os debuxais ao natural,
Discorrendo da altura dos rochedos;

Silvestres montes, ásperos penedos,
Compostos em concerto desigual:
Sabei que, sem licença de meu mal,
Já não podeis fazer meus olhos ledos.

E, pois me já não vedes como vistes,
Não me alegrem verduras deleitosas
Nem águas que correndo alegres vêm.

Semearei em vós lembranças tristes,
Regando-vos com lágrimas saudosas,
E nascerão saudades de meu bem.

7

Alma gentil, que à firme Eternidade
Subiste clara e valerosamente,
Cá durará de ti perpetuamente
A fama, a glória, o nome e a saüdade.

Não sei se é mor espanto em tal idade
Deixar de teu valor inveja à gente,
Se um peito de diamante ou de serpente
Fizeres que se mova a piedade.

Invejosas da tua acho mil sortes,
E a minha mais que todas invejosa,
Pois ao teu mal o meu tanto igualaste.

Oh! ditoso morrer! sorte ditosa!
Pois o que não se alcança com mil mortes,
Tu, com ũa só morte, o alcançaste!

8

Alma minha gentil, que te partiste
Tão cedo desta vida, descontente,
Repousa lá no Céu eternamente
E viva eu cá na terra sempre triste.

Se lá no assento etéreo, onde subiste,
Memória desta vida se consente,
Não te esqueças daquele amor ardente
Que já nos olhos meus tão puro viste.

E se vires que pode merecer-te
Algũa cousa a dor que me ficou
Da mágoa, sem remédio, de perder-te,

Roga a Deus, que teus anos encurtou,
Que tão cedo de cá me leve a ver-te,
Quão cedo de meus olhos te levou.

9

Amor, coa esperança já perdida,
Teu soberano templo visitei;
Por sinal do naufrágio que passei,
Em lugar dos vestidos, pus a vida.

Que queres mais de mim, que destruída
Me tens a glória toda que alcancei?
Não cuides de forçar-me, que não sei
Tornar a entrar onde não há saída.

Vês aqui alma, vida e esperança,
Despojos doces de meu bem passado,
Enquanto o quis aquela que eu adoro.

Nelas podes tomar de mim vingança;
E, se inda não estás de mim vingado,
Contenta-te coas lágrimas que choro.

10

Amor é um fogo que arde sem se ver;
É ferida que dói e não se sente;
É um contentamento descontente;
É dor que desatina sem doer;

É um não querer mais que bem querer;
É um solitário andar por entre a gente;
É nunca contentar-se de contente;
É um cuidar que se ganha em se perder;

É querer estar preso por vontade;
É servir a quem vence, o vencedor;
É ter com quem nos mata lealdade.

Mas como causar pode seu favor
Nos corações humanos amizade,
Se tão contrário a si é o mesmo Amor?

11

Amor, que o gesto humano na alma escreve,
Vivas faíscas me mostrou um dia,
Donde um puro cristal se derretia
Por entre vivas rosas e alva neve.

A vista, que em si mesma não se atreve,
Por se certificar do que ali via,
Foi convertida em fonte, que fazia
A dor ao sofrimento doce e leve.

Jura Amor que brandura de vontade
Causa o primeiro efeito; o pensamento
Endoudece, se cuida que é verdade.

Olhai como Amor gera, num momento,
De lágrimas de honesta piedade,
Lágrimas de imortal contentamento!

12

A Morte, que da Vida o nó desata,
Os nós que dá o Amor cortar quisera

Na Ausência, que é contra ele espada fera,
E co tempo, que tudo desbarata.

Duas contrárias, que ũa a outra mata,
A Morte contra o Amor ajunta e altera:
Ũa é Razão contra a Fortuna austera;
Outra, contra a Razão, Fortuna ingrata.

Mas mostre a sua imperial potência
A Morte em apartar de um corpo a alma,
Duas num corpo o Amor ajunte e una,

Por que assim leve triunfante a palma
Amor da Morte, apesar da Ausência,
Do tempo, da Razão e da Fortuna.

13

Ao céu, à terra, ao vento sossegado,
Às ondas, que se estendem pela areia,
Aos peixes, que no mar o sono enfreia,
Ao noturno silêncio repousado,

O pescador Aônio, que, deitado
Onde co vento a água se meneia,
Chorando, o nome amado em vão nomeia,
Que não pode ser mais que nomeado.

— Ondas — dizia — antes que Amor me mate,
Tornai-me a minha Ninfa, que tão cedo
Me fizestes à morte estar sujeita.

Ninguém lhe fala; o mar de longe bate;
Move-se brandamente o arvoredo;
Leva-lhe o vento a voz, que ao vento deita.

14

Apartava-se Nise de Montano,
Em cuja alma, partindo-se, ficava;
Que o pastor na memória a debuxava,
Por poder sustentar-se deste engano.

Pelas praias do Índico Oceano
Sobre o curvo cajado se encostava,
E os olhos pelas águas alongava,
Que pouco se doíam de seu dano.

— Pois com tamanha mágoa e saüdade
(Dizia) quis deixar-me a que eu adoro,
Por testemunhas tomo céu e estrelas.

Mas se em vós, ondas, mora piedade,
Levai também as lágrimas que choro,
Pois assim me levais a causa delas.

15

Apolo e as nove Musas, descantando
Com a dourada lira, me influíam
Na suave harmonia que faziam,
Quando tomei a pena, começando:

— Ditoso seja o dia e hora, quando
Tão delicados olhos me feriam!
Ditosos os sentidos que sentiam
Estar-se em seu desejo traspassando! —

Assim cantava, quando Amor virou
A roda à esperança, que corria
Tão ligeira, que quase era invisível.

Converteu-se-me em noite o claro dia;
E, se algũa esperança me ficou,
Será de maior mal, se for possível.

16

Aquela fera humana que enriquece
Sua presuntuosa tirania
Destas minhas entranhas, onde cria
Amor um mal que falta quando cresce;

Se nela o Céu mostrou (como parece)
Quanto mostrar ao mundo pretendia,
Por que de minha vida se injuria?
Por que de minha morte se enobrece?

Ora, enfim, sublimai vossa vitória,
Senhora, com vencer-me e cativar-me:
Fazei disto no mundo larga história,

Que, por mais que vos veja maltratar-me,
Já me fico logrado desta glória
De ver que tendes tanta de matar-me.

17

Aquela que, de pura castidade,
De si mesma tomou cruel vingança
Por ũa breve e súbita mudança,
Contrária a sua honra e qualidade;

Venceu à fermosura a honestidade,
Venceu no fim da vida a esperança,
Porque ficasse viva tal lembrança,
Tal amor, tanta fé, tanta verdade.

De si, da gente e do mundo esquecida,
Feriu com duro ferro o brando peito,
Banhando em sangue a força do tirano.

Estranha ousadia! estranho feito!
Que, dando morte breve ao corpo humano,
Tenha sua memória larga vida!

18

Aquela triste e leda madrugada,
Cheia toda de mágoa e de piedade,
Enquanto houver no mundo saüdade
Quero que seja sempre celebrada.

Ela só, quando amena e marchetada
Saía, dando ao mundo claridade,
Viu apartar-se de ũa outra vontade,
Que nunca poderá ver-se apartada.

Ela só viu as lágrimas em fio
Que de uns e de outros olhos derivadas,
Se acrescentaram em grande e largo rio.

Ela ouviu as palavras magoadas
Que puderam tornar o fogo frio
E dar descanso às almas condenadas.

19

Aqueles claros olhos que chorando
Ficavam, quando deles me partia,
Agora que farão? Quem mo diria?
Se porventura estão em mim cuidando?

Se terão na memória como ou quando
Deles me vi tão longe de alegria?
Ou se estarão aquele alegre dia
Que torne a vê-los, na alma figurando?

Se contarão as horas e os momentos?
Se acharão num momento muitos anos?
Se falarão coas aves e cos ventos?

Oh! bem-aventurados fingimentos,
Que nesta ausência tão doces enganos
Sabeis fazer aos tristes pensamentos!

20

Árvore, cujo pomo, belo e brando,
Natureza de leite e sangue pinta,

Onde a pureza, de vergonha tinta,
Está virgíneas faces imitando;

Nunca da ira do vento, que arrancando
Os troncos vão, o teu injúria sinta;
Nem por malícia de ar te seja extinta
A cor que está teu fruto debuxando,

Que pois me emprestas doce e idôneo abrigo
A meu contentamento, e favoreces
Com teu suave cheiro minha glória,

Se não te celebrar como mereces,
Cantando-te, sequer farei contigo
Doce, nos casos tristes, a memória.

21

A ti, Senhor, a quem as sacras Musas
Nutrem e cibam de poção divina,
Não as da fonte Délia Cabalina,
Que são Medeias, Circes e Medusas,

Mas aquelas em cujo peito, infusas,
As leis estão que as leis da Graça ensina,
Benignas no amor e na doutrina
E não soberbas, cegas e confusas;

Este pequeno parto, produzido
De meu saber e fraco entendimento,
Ũa vontade grande te oferece.

Se for de ti notado de atrevido,
Daqui peço perdão do atrevimento,
O qual esta vontade te merece.

22

A violeta mais bela que amanhece
No vale, por esmalte da verdura,
Com seu pálido lustre e fermosura,
Por mais bela, Violante, te obedece.

Perguntas-me por quê? Porque aparece
Em ti seu nome e sua cor mais pura;
E estudar em teu rosto só procura
Tudo quanto em beldade mais floresce.

Ó luminosa flor, ó Sol mais claro,
Único roubador de meu sentido,
Não permitas que Amor me seja avaro!

Ó penetrante seta de Cupido,
Que queres? Que te peça, por reparo,
Ser, neste vale, Eneias desta Dido?

23

Bem sei, Amor, que é certo o que receio;
Mas tu, porque com isso mais te apuras,
De manhoso mo negas e mo juras
No teu dourado arco; e eu to creio.

A mão tenho metida no teu seio
E não vejo meus danos, às escuras;
E tu contudo tanto me asseguras,
Que me digo que minto, e que me enleio.

Não somente consinto neste engano,
Mas inda to agradeço, e a mim me nego
Tudo o que vejo e sinto de meu dano.

Oh! poderoso mal a que me entrego!
Que, no meio do justo desengano,
Me possa inda cegar um Moço cego!

24

Busque Amor novas artes, novo engenho,
Pera matar-me, e novas esquivanças;
Que não pode tirar-me as esperanças,
Que mal me tirará o que eu não tenho.

Olhai de que esperanças me mantenho!
Vede que perigosas seguranças!
Que não temo contrastes nem mudanças,
Andando em bravo mar, perdido o lenho.

Mas, conquanto não pode haver desgosto
Onde esperança falta, lá me esconde
Amor um mal, que mata e não se vê;

Que dias há que na alma me tem posto
Um não sei quê, que nasce não sei onde,
Vem não sei como, e dói não sei porquê.

25

Cá nesta Babilônia, donde mana
Matéria a quanto mal o mundo cria,
Cá onde o puro Amor não tem valia,
Que a Mãe, que manda mais, tudo profana;

Cá, onde o mal se afina e o bem se dana,
E pode mais que a honra a tirania;
Cá, onde a errada e cega Monarquia
Cuida que um nome vão a Deus engana;

Cá neste labirinto, onde a Nobreza
Com Esforço e Saber pedindo vão
Às portas da cobiça e da vileza;

Cá neste escuro caos de confusão,
Cumprindo o curso estou da Natureza.
Vê se me esquecerei de ti, Sião!

26

Cantando estava um dia bem seguro,
Quando, passando, Sílvio me dizia
(Sílvio, pastor antigo, que sabia
Pelo canto das aves o futuro):

— Méris, quando quiser o Fado escuro,
A oprimir-te virão em um só dia
Dous lobos; logo a voz e a melodia
Te fugirão, e o som suave e puro. —

Bem foi assim; porque um me degolou
Quanto gado vacum pastava e tinha,
De que grandes soldadas esperava;

E outro, por meu dano, me matou
A cordeira gentil que eu tanto amava,
Perpétua saüdade da alma minha!

27

Cara minha inimiga, em cuja mão
Pôs meus contentamentos a ventura,
Faltou-te a ti na terra sepultura,
Por que me falte a mim consolação.

Eternamente as águas lograrão
A tua peregrina fermosura;
Mas, enquanto me a mim a vida dura,
Sempre viva em minha alma te acharão.

E, se os meus rudos versos podem tanto
Que possam prometer-te longa história
Daquele amor tão puro e verdadeiro,

Celebrada serás sempre em meu canto;
Porque, enquanto no mundo houver memória,
Será minha escritura teu letreiro.

28

Chorai, Ninfas, os Fados poderosos
Daquela soberana fermosura!

Onde foram parar na sepultura
Aqueles reais olhos graciosos?

Ó bens do mundo, falsos e enganosos!
Que mágoas pera ouvir! Que tal figura
Jaza sem resplandor na terra dura,
Com tal rosto e cabelos tão fermosos!

Das outras que será, pois poder teve
A morte sobre cousa tanto bela
Que ela eclipsava a luz do claro dia?

Mas o mundo não era digno dela,
Por isso mais na terra não esteve;
Ao Céu subiu, que já se lhe devia.

29

Com grandes esperanças já cantei,
Com que os Deuses no Olimpo conquistara;
Despois vim a chorar, porque cantara;
E agora choro já, porque chorei.

Se cuido nas passadas que já dei,
Custa-me esta lembrança só tão cara,
Que a dor de ver as mágoas que passara,
Tenho pela mor mágoa que passei.

Pois logo, se está claro que um tormento
Dá causa que outro na alma se acrescente,
Já nunca posso ter contentamento.

Mas esta fantasia se me mente?
Oh! ocioso e cego pensamento!
Ainda eu imagino em ser contente!...

30

— Como fizeste, Pórcia, tal ferida?
Foi voluntária, ou foi por inocência?
— Mas foi fazer Amor experiência
Se podia sofrer tirar-me a vida.

— E com teu próprio sangue te convida
A não pores à vida resistência?
— Ando-me acostumando à paciência,
Por que o temor a morte não impida.

— Pois por que comes logo fogo ardente,
Se a ferro te costumas? — Porque ordena
Amor que morra e pene juntamente.

— E tens a dor do ferro por pequena?
— Sim, que a dor costumada não se sente,
E eu não quero a morte sem a pena.

31

Como quando do mar tempestuoso
O marinheiro, lasso e trabalhado,
De um naufrágio cruel já salvo a nado,
Só ouvir falar nele o faz medroso;

E jura que, em que veja bonançoso
O violento mar, e sossegado,
Não entra nele mais, mas vai forçado
Pelo muito interesse cobiçoso;

Assim, Senhora, eu, que da tormenta
De vossa vista fujo, por salvar-me,
Jurando de não mais em outra ver-me;

Minha alma, que de vós nunca se ausenta,
Dá-me por preço ver-vos, faz tornar-me
Donde fugi tão perto de perder-me.

32

Conversação doméstica afeiçoa,
Ora em forma de boa e sã vontade,
Ora de ũa amorosa piedade,
Sem olhar qualidade de pessoa.

Se depois, porventura, vos magoa
Com desamor e pouca lealdade,
Logo vos faz mentira da verdade
O brando Amor, que tudo, em si perdoa.

Não são isto que falo conjeturas,
Que o pensamento julga na aparência,
Por fazer delicadas escrituras.

Metido tenho a mão na consciência,
E não falo senão verdades puras
Que me ensinou a viva experiência.

33

Correm turvas as águas deste rio,
Que as do céu e as do monte as enturbaram;
Os campos florescidos se secaram;
Intratável se fez o vale, e frio.

Passou o Verão, passou o ardente Estio;
Ũas cousas por outras se trocaram;
Os fementidos Fados já deixaram
Do mundo o regimento ou desvario.

Tem o tempo sua ordem já sabida;
O mundo não; mas anda tão confuso,
Que parece que dele Deus se esquece.

Casos, opiniões, natura e uso
Fazem que nos pareça desta vida
Que não há nela mais que o que parece.

34

Crescei, desejo meu, pois que a Ventura
Já vos tem nos seus braços levantado;
Que a bela causa de que sois gerado
O mais ditoso fim vos assegura.

Se aspirais por ousado a tanta altura,
Não vos espante haver ao Sol chegado;
Porque é de águia real vosso cuidado,
Que quanto mais o sofre, mais se apura.

Ânimo, coração! que o pensamento
Te pode inda fazer mais glorioso,
Sem que respeite a teu merecimento.

Que cresças inda mais é já forçoso,
Porque, se foi de ousado o teu intento,
Agora de atrevido é venturoso.

35

Criou a Natureza Damas belas,
Que foram de altos plectros celebradas;
Delas tomou as partes mais prezadas,
E a vós, Senhora, fez do melhor delas.

Elas, diante vós, são as estrelas,
Que ficam, com vos ver, logo eclipsadas.
Mas, se elas têm por Sol essas rosadas
Luzes de Sol maior, felices elas!

Em perfeição, em graça e gentileza,
Por um modo entre humanos peregrino,
A todo belo excede essa beleza.

Oh! quem tivera partes de divino
Pera vos merecer! Mas se pureza
De amor val ante vós, de vós sou dino.

36

Dai-me ũa lei, Senhora, de querer-vos,
Que a guarde, sob pena de enojar-vos;

Que a fé que me obriga a tanto amar-vos
Fará que fique em lei de obedecer-vos.

Tudo me defendei, senão só ver-vos
E dentro na minha alma contemplar-vos;
Que, se assim não chegar a contentar-vos,
Ao menos que não chegue a aborrecer-vos.

E, se essa condição cruel e esquiva
Que me deis lei de vida não consente,
Dai-ma, Senhora, já, seja de morte.

Se nem essa me dais, é bem que viva,
Sem saber como vivo, tristemente,
Mas contente porém de minha sorte.

37

Debaixo desta pedra está metido,
Das sanguinosas armas descansado,
O capitão ilustre, assinalado,
Dom Fernando de Castro esclarecido.

Por todo o Oriente tão temido,
E da inveja da Fama tão cantado,
Este, pois, só agora sepultado,
Está aqui já em terra convertido.

Alegra-te, ó guerreira Lusitânia,
Por este Viriato que criaste,
E chora-o perdido, eternamente.

Exemplo toma nisto de Dardânia;
Que, se a Roma co ele aniquilaste,
Nem por isso Cartago está contente.

38

Debaixo desta pedra sepultada
Jaz do mundo a mais nobre fermosura,
A quem a Morte, só de inveja pura,
Sem tempo sua vida tem roubada,

Sem ter respeito àquela assi estremada
Gentileza de luz, que a noite escura
Tornava em claro dia; cuja alvura
Do Sol a clara luz tinha eclipsada.

Do Sol peitada foste, cruel Morte,
Pera o livrar de quem o escurecia;
E da Lua, que ante ela luz não tinha.

Como de tal poder tiveste sorte?
E, se a tiveste, como tão asinha
Tornaste a luz do mundo em terra fria?

39

De frescas belvederes rodeadas
Estão as puras águas desta fonte;
Fermosas Ninfas lhes estão defronte,
A vencer e a matar acostumadas.

Andam contra Cupido levantadas
As suas graças, que não há quem conte;
Doutro vale esquecidas, doutro monte,
A vida passam neste sossegadas.

O seu poder juntou, sua valia,
Amor, já não sofrendo este desprezo,
Somente por se ver delas vingado;

Mas, vendo-as, entendeu que não podia
De ser morto livrar-se, ou de ser preso,
— E ficou-se com elas desarmado.

40

De piedra, de metal, de cosa dura,
El alma, dura ninfa, os ha vestido,
Pues el cabello es oro endurecido,
Y mármol es la frente en su blancura.

Los ojos, esmeralda verde y escura;
Granada las mejillas; no fingido,
El labio es un rubi no poseído
Los blancos dientes son de perla pura.

La mano de marfil, y la garganta
De alabastro, por donde como yedra
Las venas van de azul muy rutilante.

Mas lo que más en toda vos me espanta,
Es ver que, por que todo fuese piedra,
Tenéis el corazón como diamante.

41

Depois que quis Amor que eu só passasse
Quanto mal já por muitos repartiu,
Entregou-me à Fortuna, porque viu
Que não tinha mais mal que em mim mostrasse.

Ela, por que do Amor se avantajasse
No tormento que o Céu me permitiu,
O que pera ninguém se consentiu,
Pera mim só mandou que se inventasse.

Eis-me aqui vou, com vário som, gritando
Copioso exemplário pera a gente
Que destes dous tiranos é sujeita,

Desvarios em verso concertando.
Triste quem seu descanso tanto estreita,
Que deste, tão pequeno, está contente!

42

Depois que viu Cibele o corpo humano
Do fermoso Átis seu, verde pinheiro,
Em piedade o vão furor primeiro
Convertido, chorou seu grave dano.

E, fazendo a sua dor ilustre engano,
A Júpiter pediu que o verdadeiro
Preço da nobre palma e do loureiro
Ao seu pinheiro desse, soberano.

Mais lhe concede o filho poderoso
Que as estrelas, subindo, tocar possa,
Vendo os segredos lá do céu superno.

Oh! ditoso pinheiro! Oh! mais ditoso
Quem se vir coroar da folha vossa,
Cantando à vossa sombra verso eterno!

43

De quantas graças tinha, a Natureza
Fez um belo e riquíssimo tesouro,
E com rubis e rosas, neve e ouro,
Formou sublime e angélica beleza.

Pôs na boca os rubis, e na pureza
Do belo rosto as rosas, por quem mouro;
No cabelo o valor do metal louro;
No peito a neve em que a alma tenho acesa.

Mas nos olhos mostrou quanto podia,
E fez deles um sol, onde se apura
A luz mais clara que a do claro dia.

Enfim, Senhora, em vossa compostura
Ela a apurar chegou quanto sabia
De ouro, rosas, rubis, neve e luz pura.

44

De tão divino acento em voz humana,
De tão doces palavras peregrinas,

Bem sei que minhas obras não são dinas,
Que o rudo engenho meu me desengana.

Mas de vossos escritos corre e mana
Licor que vence as águas cabalinas;
E convosco do Tejo as flores finas
Farão inveja à cópia mantuana,

E, pois a vós de si não sendo avaras,
As filhas de Mnemósine fermosa
Partes dadas vos têm, ao Mundo caras,

A minha Musa e a vossa tão famosa,
Ambas posso chamar ao Mundo raras:
A vossa de alta, a minha de invejosa.

45

De um tão felice engenho, produzido
De outro, que o claro Sol não viu maior,
É trazer cousas altas no sentido,
Todas dignas de espanto e de louvor.

Museu foi, antiquíssimo escritor,
Filósofo e poeta conhecido,
Discípulo do músico amador
Que co som teve o Inferno suspendido.

Este pôde abalar o monte mudo,
Cantando aquele mal, que eu já passei,
Do mancebo de Abido mal sisudo.

Agora contam já, segundo achei,
Tasso, e o nosso Boscão, que disse tudo
Dos segredos que move o cego Rei.

46

De vós me aparto, ó Vida! Em tal mudança
Sinto vivo da morte o sentimento.
Não sei pera que é ter contentamento,
Se mais há de perder quem mais alcança.

Mas dou-vos esta firme segurança:
Que, posto que me mate meu tormento,
Pelas águas do eterno esquecimento
Segura passará minha lembrança.

Antes sem vós meus olhos se entristeçam,
Que com qualquer cousa outra se contentem;
Antes os esqueçais, que vos esqueçam;

Antes nesta lembrança se atormentem
Que com esquecimento desmereçam
A glória que em sofrer tal pena sentem.

47

Diana prateada esclarecia
Com a luz que do claro Febo ardente,
Por ser de natureza transparente,
Em si, como em espelho, reluzia.

Cem mil milhões de graças lhe influía,
Quando me apareceu o excelente
Raio de vosso aspecto, diferente
Em graça e em amor do que soía.

Eu, vendo-me tão cheio de favores
E tão propínquo a ser de todo vosso,
Louvei a hora clara e a noite escura;

Pois nela destes cor a meus amores;
Donde colijo claro que não posso
De dia pera vós já ter ventura.

48

Ditosa pena, como a mão que a guia
Com tantas perfeições da sutil arte,
Que, quando com razão venho a louvar-te,
Em teus louvores perco a fantasia.

Porém Amor, que efeitos vários cria,
De ti cantar me manda em toda parte,
Não em plectro belígero de Marte,
Mas em suave e branda melodia.

Teu nome, Emanuel, de um noutro Polo
Voando, se levanta e te pregoa,
Agora, que ninguém te levantava.

E porque imortal sejas, eis Apolo
Te oferece de flores a coroa
Que já de longo tempo te guardava.

49

Ditosas almas, que ambas juntamente
Ao Céu de Vênus e de Amor voastes,
Onde um bem que tão breve cá lograstes
Estais logrando agora eternamente;

Aquele estado vosso tão contente,
Que só por durar pouco triste achastes,
Por outro mais contente já o trocastes,
Onde sem sobressalto o bem se sente.

Triste de quem cá vive tão cercado,
Na amorosa fineza, de um tormento
Que a glória lhe perturba mais crescida!

Triste, pois me não val o sofrimento,
E Amor, pera mais dano, me tem dado,
Pera tão duro mal, tão larga vida!

50

Ditoso seja aquele que somente
Se queixa de amorosas esquivanças;
Pois por elas não perde as esperanças
De poder nalgum tempo ser contente.

Ditoso seja quem, estando ausente,
Não sente mais que a pena das lembranças;
Porque, inda que se tema de mudanças,
Menos se teme a dor quando se sente.

Ditoso seja, enfim, qualquer estado,
Onde enganos, desprezos e isenção
Trazem o coração atormentado.

Mas triste quem se sente magoado
De erros em que não pode haver perdão,
Sem ficar na alma a mágoa do pecado.

51

Diversos dões reparte o Céu benino
E quer que cada ũa um só possua;
Assim ornou de casto peito a Lua,
Ornamento do assento cristalino;

De graça, a Mãe fermosa do Menino,
Que nessa vista tem perdido a sua;
Palas, de discrição, que imite a tua;
Do valor, Juno, só de império dino.

Mas junto agora o mesmo Céu derrama
Em ti o mais que tinha, e foi o menos,
Em respeito do Autor da Natureza;

Que, a seu pesar, te dão, fermosa Dama,
Diana honestidade, e graça Vênus,
Palas o aviso seu, Juno a nobreza.

52

Dizei, Senhora, da Beleza ideia:
Pera fazerdes esse áureo crino,

Onde fostes buscar esse ouro fino?
De que escondida mina ou de que veia?

Dos vossos olhos essa luz febeia,
Esse respeito, de um império dino,
Se o alcançastes com saber divino,
Se com encantamentos de Medeia?

De que escondidas conchas escolhestes
As perlas preciosas, orientais,
Que, falando, mostrais no doce riso?

Pois vos formastes tal como quisestes,
Vigiai-vos de vós, não vos vejais.
Fugi das fontes: lembre-vos Narciso!

53

Doce contentamento já passado
Em que todo meu bem já consistia,
Quem vos levou de minha companhia
E me deixou de vós tão apartado?

Quem cuidou que se visse neste estado,
Naquelas breves horas de alegria,
Quando minha ventura consentia
Que de enganos vivesse meu cuidado?

Fortuna minha foi cruel e dura
Aquela que causou meu perdimento,
Com a qual ninguém pode ter cautela.

Nem se engane nenhūa criatura,
Que não pode nenhum impedimento
Fugir do que lhe ordena sua estrela.

54

Doces águas e claras do Mondego,
Doce repouso de minha lembrança,
Onde a comprida e pérfida esperança,
Longo tempo após si me trouxe cego:

De vós me aparto; mas porém não nego
Que inda a memória longa que me alcança
Me não deixa de vós fazer mudança,
Mas quanto mais me alongo, mais me achego.

Bem pudera Fortuna este instrumento
Da alma levar por terra nova e estranha,
Oferecido ao mar remoto e vento;

Mas alma, que de cá vos acompanha,
Nas asas do ligeiro pensamento.
Pera vós, águas, voa, e em vós se banha.

55

Doces lembranças da passada glória,
Que me tirou Fortuna roubadora,
Deixai-me repousar em paz ūa hora,
Que comigo ganhais pouca vitória.

Impressa tenho na alma larga história
Deste passado bem, que nunca fora;
Ou fora, e não passara; mas já agora
Em mim não pode haver mais que a memória.

Vivo em lembranças, mouro de esquecido
De quem sempre devera ser lembrado,
Se lhe lembrara estado tão contente.

Oh! quem tornar pudera a ser nascido!
Soubera-me lograr do bem passado,
Se conhecer soubera o mal presente.

56

Doce sonho, suave e soberano,
Se por mais longo tempo me durara!
Ah! quem de sonho tal nunca acordara,
Pois havia de ver tal desengano!

Ah! deleitoso bem! ah! doce engano!
Se por mais largo espaço me enganara!
Se então a vida mísera acabara,
De alegria e prazer morrera ufano!

Ditoso, não estando em mim, pois tive,
Dormindo, o que acordado ter quisera.
Olhai com que me paga meu destino!

Enfim, fora de mim ditoso estive,
Em mentiras ter dita razão era,
Pois sempre nas verdades fui mofino.

57

¿Do están los claros ojos que colgada
Mi alma tras de si llevar solían?
¿Do están las dos mejillas que vencían
La rosa quando está más colorada?

¿Do está la roja boca y adornada
Con dientes que de nieve parecían?
¿Los cabellos que el oro escurecían,
Do están, y aquella mano delicada?

¡Oh toda linda! do estarás ahora
Que no te puedo ver, y el gran deseo
De verte me da muerte cada hora!

Mas no miráis mi grande devaneo:
Que tengo yo en mi alma a mi Señora,
Y diga: ¿Dónde estás, que no te veo!

58

Dos Céus à Terra desce a mor Beleza,
Une-se à carne nossa e fá-la nobre;
E sendo a humanidade dantes pobre,
Hoje subida fica à mor alteza.

Busca o Senhor mais rico a mor pobreza;
Que como ao mundo o seu amor descobre,
De palhas vis o corpo tenro cobre,
E por elas o mesmo Céu despreza.

Como? Deus em pobreza à terra desce?
O que é mais pobre tanto lhe contenta,
Que só rica a pobreza lhe parece?

Pobreza este Presépio representa;
Mas tanto por ser pobre já merece,
Que quanto é pobre mais, mais lhe contenta.

59

Dos ilustres antigos que deixaram
Tal nome que igualou fama à memória,
Ficou por luz do tempo a larga história
Dos feitos em que mais se assinalaram.

Se se com cousas destes cotejaram
Mil vossas, cada ũa tão notória,
Vencera a menor delas a mor glória
Que eles em tantos anos alcançaram.

A glória sua foi — ninguém lha tome —,
Seguindo cada um vários caminhos,
Estátuas levantando no seu Templo.

Vós, honra portuguesa e dos Coutinhos,
Ilustre Dom João, com melhor nome
A vós encheis de glória, e a nós de exemplo.

60

El vaso reluciente y cristalino,
De Ángeles agua clara y olorosa,

De blanca seda ornado y fresca rosa,
Ligado con cabellos de oro fino,

Bien claro parecía el don divino
Labrado por la mano artificiosa
De aquella blanca Ninfa, graciosa
Más que el rubio lucero matutino.

Nel vaso vuestro cuerpo se afigura,
Rajado de los blancos miembros bellos,
Y en el agua — vuestra ánima pura;

La seda es la blancura, y los cabellos
Son las prisiones y la ligadura
Con que mi libertad fué asida dellos.

61

Em fermosa Leteia se confia,
Por onde a vaïdade tanta alcança
Que, tornada em soberba a confiança,
Com os Deuses celestes competia.

Por que não fosse avante esta ousadia
(Que nascem muitos erros da tardança),
Em efeito puseram a vingança
Que tamanha doudice merecia.

Mas Oleno, perdido por Leteia,
Não lhe sofrendo amor que suportasse
Castigo duro tanta fermosura,

Quis padecer em si a pena alheia.
Mas, por que a morte amor não apartasse,
Ambos tornados são em pedra dura.

62

Em flor vos arrancou de então crescida
— Ah! Senhor Dom Antônio! — a dura sorte,
Donde fazendo andava o braço forte
A fama dos Antigos esquecida.

Ũa só razão tenho conhecida
Com que tamanha mágoa se conforte:
Que, pois no mundo havia honrada morte,
Que não podíeis ter mais larga a vida.

Se meus humildes versos podem tanto
Que co desejo meu se iguale a arte,
Especial matéria me sereis;

E, celebrado em triste e longo canto,
Se morrestes nas mãos do fero Marte.
Na memória das gentes vivereis!

63

Em prisões baixas fui um tempo atado,
Vergonhoso castigo de meus erros;
Inda agora arrojando levo os ferros
Que a Morte, a meu pesar, tem já quebrado.

Sacrifiquei a vida a meu cuidado,
Que Amor não quer cordeiros nem bezerros;
Vi mágoas, vi misérias, vi desterros.
Parece-me que estava assi ordenado.

Contentei-me com pouco, conhecendo
Que era o contentamento vergonhoso,
Só por ver que cousa era viver ledo.

Mas minha Estrela, que eu já agora entendo,
A Morte cega e o Caso duvidoso
Me fizeram de gostos haver medo.

64

Em um batel, que com doce meneio
O aurífero Tejo dividia,
Vi belas damas, ou, melhor diria:
Belas estrelas e um Sol no meio.

As delicadas filhas de Nereio,
Com mil vozes de doce harmonia,
Iam amarrando a bela companhia,
Que (se eu não erro) por honrá-la veio.

Ó fermosas Nereidas, que, cantando,
Lograis aquela visão serena
Que a vida, em tantos males, quer trazer-me,

Dizei-lhe que olhe que se vai passando
O curto tempo, e, a tão longa pena,
O espírito é pronto, a carne enferme.

65

Enquanto Febo os montes acendia,
Do Céu com luminosa claridade,
Por evitar do ócio a castidade,
Na caça o tempo Délia despendia.

Vênus, que então de furto descendia
Por cativar de Anquises a vontade,
Vendo Diana em tanta honestidade,
Quase zombando dela, lhe dizia:

— Tu vás com tuas redes na espessura
Os fugitivos cervos enredando,
Mas as minhas enredam o sentido.

— Melhor é (respondia a Deusa pura)
Nas redes leves cervos ir tomando
Que tomar-te a ti nelas teu marido.

66

Enquanto quis Fortuna que tivesse
Esperança de algum contentamento,
O gosto de um suave pensamento
Me fez que seus efeitos escrevesse.

Porém, temendo Amor que aviso desse
Minha escritura a algum juízo isento,
Escureceu-me o engenho co tormento,
Pera que seus enganos não dissesse.

Ó vós que Amor obriga a ser sujeitos
A diversas vontades! Quando lerdes
Num breve livro casos tão diversos,

Verdades puras são, e não defeitos;
E sabei que, segundo o amor tiverdes,
Tereis o entendimento de meus versos.

67

Erros meus, má fortuna, amor ardente
Em minha perdição se conjuraram;
Os erros e a fortuna sobejaram,
Que pera mim bastava o amor somente.

Tudo passei; mas tenho tão presente
A grande dor das cousas que passaram,
Que as magoadas iras me ensinaram
A não querer já nunca ser contente.

Errei todo o discurso de meus anos;
Dei causa a que a Fortuna castigasse
As minhas mal fundadas esperanças.

De amor não vi senão breves enganos.
Oh! quem tanto pudesse, que fartasse
Este meu duro Gênio de vinganças!

68

Esforço grande, igual ao pensamento;
Pensamentos em obras divulgados,

E não em peito tímido encerrados
E desfeitos depois em chuva e vento;

Ânimo da cobiça baixa isento,
Dino por isso só de altos estados,
Fero açoute dos nunca bem-domados
Povos do Malabar sanguinolento;

Gentileza de membros corporais,
Ornados de pudica continência,
Obra por certo rara de Natura:

Estas virtudes e outras muitas mais,
Dinas todas de homérica eloquência,
Jazem debaixo desta sepultura.

69

Está o lascivo e doce passarinho
Com o biquinho as penas ordenando,
O verso sem medida, alegre e brando,
Espedindo no rústico raminho.

O cruel caçador, que do caminho
Se vem calado e manso desviando,
Na pronta vista a seta endireitando,
Em morte lhe converte o caro ninho.

Destarte o coração, que livre andava
(Posto que já de longe destinado),
Onde menos temia, foi ferido.

Porque o Frecheiro cego me esperava,
Pera que me tomasse descuidado,
Em vossos claros olhos escondido.

70

Está-se a Primavera trasladando
Em vossa vista deleitosa e honesta,
Nas lindas faces, olhos, boca e testa,
Boninas, lírios, rosas debuxando.

De sorte, vosso gesto matizando,
Natura quanto pode manifesta,
Que o monte, o campo, o rio e a floresta
Se estão de vós, Senhora, namorando.

Se agora não quereis que quem vos ama
Possa colher o fruto destas flores,
Perderão toda a graça vossos olhos.

Porque pouco aproveita, linda Dama,
Que semeasse Amor em vós amores,
Se vossa condição produze abrolhos.

71

Este amor que vos tenho, limpo e puro,
De pensamento vil nunca tocado,
Em minha tenra idade começado,
Tê-lo dentro nesta alma só procuro.

De haver nele mudança estou seguro,
Sem temer nenhum caso ou duro Fado,
Nem o supremo bem ou baixo estado,
Nem o tempo presente nem futuro.

A bonina e a flor asinha passa;
Tudo por terra o Inverno e Estio deita;
Só pera meu amor é sempre Maio.

Mas ver-vos pera mim, Senhora, escassa,
E que essa ingratidão tudo me enjeita,
Traz este meu amor sempre em desmaio.

72

Eu cantarei de amor tão docemente,
Por uns termos em si tão concertados,
Que dous mil acidentes namorados
Faça sentir ao peito que não sente.

Farei que amor a todos avivente,
Pintando mil segredos delicados,
Brandas iras, suspiros magoados,
Temerosa ousadia e pena ausente.

Também, Senhora, do desprezo honesto
De vossa vista branda e rigorosa,
Contentar-me-ei dizendo a menos parte.

Porém, pera cantar de vosso gesto
A composição alta e milagrosa,
Aqui falta saber, engenho e arte.

73

Eu cantei já, e agora vou chorando
O tempo que cantei tão confiado;
Parece que no canto já passado
Se estavam minhas lágrimas criando.

Cantei; mas se me alguém pergunta quando,
Não sei; que também fui nisso enganado.
É tão triste este meu presente estado,
Que o passado por ledo estou julgando.

Fizeram-me cantar, manhosamente,
Contentamentos não, mas confianças;
Cantava, mas já era ao som dos ferros.

De quem me queixarei, que tudo mente?
Mas eu que culpa ponho às esperanças,
Onde a Fortuna injusta é mais que os erros?

74

Eu vivia de lágrimas isento,
Num engano tão doce e deleitoso
Que em que outro amante fosse mais ditoso,
Não valiam mil glórias um tormento.

Vendo-me possuir tal pensamento,
De nenhũa riqueza era invejoso;
Vivia bem, de nada receoso,
Com doce amor e doce sentimento.

Cobiçosa, a Fortuna me tirou
Deste meu tão contente e alegre estado,
E passou-me este bem, que nunca fora,

Em troco do qual bem só me deixou
Lembranças que me matam cada hora,
Trazendo-me à memória o bem passado.

75

Ferido sem ter cura parecia
O forte e duro Télefo temido,
Por aquele que na água foi metido
A quem ferro nenhum cortar podia.

Ao apolíneo Oráculo pedia
Conselho pera ser restituído.
Respondeu que tornasse a ser ferido
Por quem o já ferira, e sararia.

Assim, Senhora, quer minha ventura
Que, ferido de ver-vos, claramente
Com vos tornar a ver Amor me cura.

Mas é tão doce vossa fermosura,
Que fico como hidrópico doente,
Que co beber lhe cresce mor secura.

76

Fermosos olhos, que na idade nossa
Mostrais do Céu certíssimos sinais,

Se quereis conhecer quanto possais,
Olhai-me a mim, que sou feitura vossa.

Vereis que de viver me desapossa
Aquele riso com que a vida dais;
Vereis como de Amor não quero mais,
Por mais que o tempo corra e o dano possa.

E, se dentro nesta alma ver quiserdes
Como num claro espelho, ali vereis
Também a vossa, angélica e serena.

Mas eu cuido que, só por não me verdes,
Ver-vos em mim, Senhora, não quereis.
Tanto gosto levais de minha pena!

77

Fiou-se o coração de muito isento,
De si cuidando mal, que tomaria
Tão ilícito amor tal ousadia,
Tal modo nunca visto de tormento.

Mas os olhos pintaram tão a tento
Outros que visto têm na fantasia,
Que a razão temerosa do que via
Fugiu, deixando o campo ao pensamento.

Ó Hipólito casto, que de jeito
De Fedra, tua madrasta, foste amado,
Que não sabia ter nenhum respeito,

Em mim vingou o Amor teu casto peito;
Mas está desse agravo tão vingado,
Que se arrepende já do que tem feito.

78

Foi já num tempo doce cousa amar,
Enquanto me enganava a esperança;
O coração, com esta confiança,
Todo se desfazia em desejar.

Ó vão, caduco e débil esperar!
Como se desengana ũa mudança!
Que, quanto é mor a bem-aventurança,
Tanto menos se crê que há de durar!

Quem já se viu contente e prosperado,
Vendo-se em breve tempo em pena tanta,
Razão tem de viver bem magoado;

Porém, quem tem o mundo exprimentado,
Não o magoa a pena nem o espanta,
Que mal se estranhará o costumado.

79

Fortuna, em mim guardando seu direito,
Em verde derrubou minha alegria.
Oh! quanto se acabou naquele dia,
Cuja triste lembrança arde em meu peito!

Quando contemplo tudo, bem suspeito
Que a tal bem tal descanso se devia,
Por não dizer o mundo que podia
Achar-se em seu engano bem perfeito.

Mas se Fortuna o fez por descontar-me
Tamanho gosto, em cujo sentimento
A memória não faz senão matar-me,

Que culpa pode dar-me o sofrimento,
Se a causa que ele tem de atormentar-me,
Eu tenho de sofrer o seu tormento?

80

Grão tempo há já que soube da Ventura
A vida que me tinha destinada;
Que a longa experiência da passada
Me dava claro indício da futura.

Amor fero, cruel, Fortuna escura,
Bem tendes vossa força exprimentada:
Assolai, destruí, não fique nada!
Vingai-vos desta vida, que inda dura!

Soube Amor da Ventura que a não tinha,
E, por que mais sentisse a falta dela,
De imagens impossíveis me mantinha.

Mas vós, Senhora, pois que minha estrela
Não foi melhor, vivei nesta alma minha,
Que não tem a Fortuna poder nela.

81

Ilustre e digno ramo dos Meneses,
A os quais o prudente e largo Céu,
Que errar não sabe, em dote concedeu
Rompesse os Maométicos arneses;

Desprezando a Fortuna e seus reveses,
Ide pera onde o Fado vos moveu:
Erguei flamas no mar alto Eritreu,
E sereis nova luz aos Portugueses.

Oprimi com tão firme e forte peito
O pirata insolente, que se espante
E trema Taprobana e Gedrosia.

Dai nova causa à cor do Arabo Estreito:
Assim que o Roxo Mar, daqui em diante,
O seja só co sangue de Turquia!

82

Ilustre Gracia, nombre de una moza,
Primera malhechora, en este caso,
A Mondoñedo, a Palma, al cojo Traso,
Sujeto digno de inmortal coroza;

Si en medio de la Iglesia no reboza
El manto a vuestro rostro tan devaso,
Por vos dirán las gentes, recio y paso:
Véis quien con el demonio se retoza;

Puede mover los montes sin trabajo;
Con palabras el curso al agua enfrena;
Por las ondas hará camino enjuto.

Avergüenza su patrio y rico Tajo,
Que por ella hombres lleva, más que arena,
De que paga al Infierno gran tributo.

83

Indo o triste pastor todo embebido
Na sombra do seu doce pensamento,
Tais queixas espalhava ao leve vento,
Cum brando suspirar da alma saído:

— A quem me queixarei, cego perdido,
Pois nas pedras não acho sentimento?
Com quem falo? A quem digo meu tormento,
Que onde mais chamo, sou menos ouvido?

Ó bela Ninfa, por que não respondes?
Por que o olhar-me tanto me encareces?
Por que queres que sempre me querele?

Eu quanto mais te vejo, mais te escondes!
Quanto mais mal me vês, mais te endureces!
Assim que co mal cresce a causa dele!

84

Já a saudosa Aurora destoucava
Os seus cabelos de ouro delicados,

E as flores nos campos esmaltados
Do cristalino orvalho borrifava,

Quando o fermoso gado se espalhava
De Sílvio e de Laurente pelos prados,
Pastores ambos, e ambos apartados
De quem o mesmo Amor não se apartava.

Com verdadeiras lágrimas, Laurente
— Não sei — dizia — ó Ninfa delicada,
Por que não morre já quem vive ausente,

Pois a vida sem ti não presta nada.
Responde Sílvio: — Amor não o consente,
Que ofende as esperanças da tornada.

85

Já claro vejo bem, já bem conheço
Quanto aumentando vou o meu tormento;
Pois sei que fundo em água, escrevo em vento,
E que o cordeiro manso ao lobo peço;

Que Aracne sou, pois já com Palas teço;
Que a tigres em meus males me lamento;
Que reduzir o mar a um vaso intento,
Aspirando a esse Céu que não mereço.

Quero achar paz em um confuso Inferno;
Na noite, do Sol puro a claridade;
E o suave Verão no duro Inverno.

Busco em luzente Olimpo escuridade,
E o desejado bem no mal eterno,
Buscando amor em vossa crueldade.

86

Já não sinto, Senhora, os desenganos
Com que minha afeição sempre tratastes,
Nem ver o galardão que me negastes,
Merecido por fé, há tantos anos.

A mágoa choro só, só choro os danos
De ver por quem, Senhora, me trocastes;
Mas em tal caso vós só me vingastes
De vossa ingratidão, vossos enganos.

Dobrada glória dá qualquer vingança
Que o ofendido toma do culpado,
Quando se satifaz com cousa justa;

Mas eu de vossos males e esquivança,
De que agora me vejo bem-vingado,
Não a quisera tanto à vossa custa.

87

Julga-me a gente toda por perdido,
Vendo-me tão entregue a meu cuidado,
Andar sempre dos homens apartado,
E dos tratos humanos esquecido.

Mas eu, que tenho o mundo conhecido,
E quase que sobre ele ando dobrado,
Tenho por baixo, rústico, enganado,
Quem não é com meu mal engrandecido.

Vão revolvendo a terra, o mar e o vento,
Busquem riquezas, honras a outra gente,
Vencendo ferro, fogo, frio e calma;

Que eu só em humilde estado me contento
De trazer esculpido eternamente
Vosso fermoso gesto dentro na alma.

88

Leda serenidade deleitosa,
Que representa em terra um paraíso;
Entre rubis e perlas, doce riso;
Debaixo de ouro e neve, cor-de-rosa;

Presença moderada e graciosa,
Onde ensinando estão despejo e siso
Que se pode por arte e por aviso,
Como por natureza, ser fermosa;

Fala de quem a morte e a vida pende,
Rara, suave, enfim, Senhora, vossa;
Repouso, nela, alegre e comedido:

Estas as armas são com que me rende
E me cativa Amor; mas não que possa
Despojar-me da glória de rendido.

89

Lembranças, que lembrais meu bem passado,
Pera que sinta mais o mal presente,
Deixai-me, se quereis, viver contente,
Não me deixeis morrer em tal estado.

Mas se também de tudo está ordenado
Viver, como se vê, tão descontente,
Venha, se vier, o bem por acidente,
E dê a morte fim a meu cuidado.

Que muito melhor é perder a vida.
Perdendo-se as lembranças da memória,
Pois tanto dano fazem ao pensamento.

Assim que nada perde quem perdida
A esperança traz de sua glória,
Se esta vida há de ser sempre em tormento.

90

Lembranças saüdosas, se cuidais
De me acabar a vida neste estado,
Não vivo com meu mal tão enganado,
Que não espere dele muito mais.

De muito longe já me costumais
A viver de algum bem desesperado;
Já tenho coa Fortuna concertado
De sofrer os trabalhos que me dais.

Atado ao remo tenho a paciência,
Pera quantos desgostos der a vida,
Cuide em quanto quiser o pensamento;

Que, pois não há i outra resistência
Pera tão certa queda, de subida,
Aparar-lhe-ei debaixo o sofrimento.

91

Lindo e sutil trançado, que ficaste
Em penhor do remédio que mereço,
Se só contigo, vendo-te, endoudeço,
Que fora cos cabelos que apertaste?

Aquelas tranças de ouro que ligaste,
Que os raios do Sol têm em pouco preço,
Não sei se pera engano do que peço,
Se pera me atar, as desataste.

Lindo trançado, em minhas mãos te vejo,
E, por satisfação de minhas dores,
Como quem não tem outra, hei de tomar-te.

E, se não for contente meu desejo,
Dir-lhe-ei que, nesta regra dos amores,
Pelo todo também se toma a parte.

92

Males, que contra mim vos conjurastes,
Quanto há de durar tão duro intento?

Se dura por que dura meu tormento,
Baste-vos quanto já me atormentastes.

Mas, se assim porfiais, porque cuidastes
Derrubar meu tão alto pensamento,
Mais pode a causa dele, em que o sustento,
Que vós, que dela mesma o ser tomastes.

E, pois vossa tensão com minha morte
Há de acabar o mal destes amores,
Dai já fim a tormento tão comprido,

Por que de ambos contente seja a sorte:
Vós, porque me acabastes, vencedores;
E eu, porque acabei, de vós vencido.

93

Memória de meu bem, cortado em flores
Por ordem de meus tristes e maus Fados,
Deixai-me descansar com meus cuidados
Nesta inquietação de meus amores.

Basta-me o mal presente, e os temores
Dos sucessos que espero infortunados,
Sem que venham, de novo, bens passados
Afrontar meu repouso com suas dores.

Perdi nũa hora tudo quanto em termos
Tão vagarosos e largos, alcancei;
Leixai-me, pois, lembranças desta glória.

Cumpre se acabe a vida nestes ermos,
Porque neles com meu mal acabarei
Mil vidas, não ũa só. — Dura memória!...

94

Moradoras gentis e delicadas
Do claro e áureo Tejo, que metidas
Estais em suas grutas escondidas,
E com doce repouso sossegadas;

Agora estais de amores inflamadas,
Nos cristalinos paços entretidas;
Agora no exercício embevecidas
Das telas de ouro puro matizadas;

Movei dos lindos rostos a luz pura
De vossos olhos belos, consentindo
Que lágrimas derramem de tristura.

E assim, com dor mais própria, ireis ouvindo
As queixas que derramo da Ventura,
Que com penas de Amor me vai seguindo.

95

Mudam-se os tempos, mudam-se as vontades,
Muda-se o ser, muda-se a confiança;
Todo o Mundo é composto de mudança,
Tomando sempre novas qualidades.

Continuamente vemos novidades,
Diferentes em tudo da esperança;
Do mal ficam as mágoas na lembrança,
E do bem (se algum houve...) as saüdades.

O tempo cobre o chão de verde manto,
Que já coberto foi de neve fria,
E em mim converte em choro o doce canto.

E, afora este mudar-se cada dia,
Outra mudança faz de mor espanto:
Que não se muda já como soía.

96

Na desesperação já repousava
O peito longamente magoado,
E, com seu dano eterno concertado,
Já não temia, já não desejava;

Quando ũa sombra vã me assegurava
Que algum bem me podia estar guardado
Em tão fermosa imagem, que o traslado
Na alma ficou, que nela se enlevava.

Que crédito que dá tão facilmente
O coração àquilo que deseja,
Quando lhe esquece o fero seu destino!

Oh! deixem-me enganar, que eu sou contente;
Que, posto que maior meu dano seja,
Fica-me a glória já do que imagino.

97

Náiades, vós, que os rios habitais
Que os saüdosos campos vão regando,
De meus olhos vereis estar manando
Outros, que quase aos vossos são iguais.

Dríades, vós que as setas atirais,
Os fugitivos cervos derrubando,
Outros olhos vereis que, triunfando,
Derrubam corações, que valem mais.

Deixai a aljava logo, e as águas frias,
E vinde, Ninfas minhas, se quereis
Saber como de uns olhos nascem mágoas.

Vereis como se passam em vão os dias;
Mas não vireis em vão, que cá achareis
Nos seus as setas, e nos meus as águas.

98

Na metade do Céu subido, ardia
O claro, almo Pastor, quando deixavam
O verde pasto as cabras, e buscavam
A frescura suave da água fria.

Com a folha da árvore sombria
Do raio ardente as aves se amparavam;
O módulo cantar, de que cessavam,
Só nas roucas cigarras se sentia;

Quando Liso pastor, num campo verde,
Natércia, crua Ninfa, só buscava
Com mil suspiros tristes que derrama.

— Por que te vás de quem por ti se perde,
Pera quem pouco te ama? — suspirava —
E o eco lhe responde?: — Pouco te ama...

99

— Não passes, caminhante! — Quem me chama?
— Ũa memória nova e nunca ouvida,
De um que trocou finita e humana vida
Por divina, infinita e clara fama.

— Quem é que tão gentil louvor derrama?
— Quem derramar seu sangue não duvida
Por seguir a bandeira esclarecida
De um capitão de Cristo, que mais ama.

— Ditoso fim, ditoso sacrifício,
Que a Deus se fez e ao mundo juntamente!
Apregoando, direi tão alta sorte.

— Mais poderás contar a toda a gente
Que sempre deu sua vida claro indício
De vir a merecer tão santa morte.

100

Não vás ao monte, Nise, com teu gado,
Que lá vi que Cupido te buscava;

Por ti somente a todos perguntava,
No gesto menos plácido que irado.

Ele pubrica, enfim, que lhe hás roubado
Os melhores farpões da sua aljava;
E com um dardo ardente assegurava
Traspassar esse peito delicado.

Fuge de ver-te lá nesta aventura,
Porque, se contra ti o tens iroso,
Pode ser que te alcance com mão dura.

Mas ai! que em vão te advirto temeroso,
Se à tua incomparável fermosura
Se rende o dardo seu mais poderoso!

101

Na Ribeira de Eufrates assentado,
Discorrendo me achei pela memória
Aquele breve bem, aquela glória,
Que em ti, doce Sião, tinha passado.

Da causa de meus males perguntado
Me foi: — Como não cantas a história
De teu passado bem, e da vitória
Que sempre de teu mal hás alcançado?

Não sabes que a quem canta se lhe esquece
O mal, inda que grave e rigoroso?
Canta, pois, e não chores dessa sorte.

Respondi com suspiros: — Quando cresce
A muita saüdade, o piedoso
Remédio é não cantar senão a morte.

102

Nem o tremendo estrépito da guerra,
Com armas, com incêndios espantosos,
Que despacham pelouros perigosos,
Bastantes a abalar ũa alta serra,

Podem pôr medo a quem nenhum encerra,
Depois que viu os olhos tão fermosos,
Por quem o horror nos casos pavorosos
De mim todo se aparta e se desterra.

A vida posso ao fogo e ferro dar,
E perdê-la em qualquer duro perigo,
E nele, como fênix, renovar.

Não pode mal haver pera comigo,
De que eu já me não possa bem livrar,
Senão do que me ordena Amor imigo.

103

No mundo poucos anos, e cansados,
Vivi, cheios de vil miséria dura:
Foi-me tão cedo a luz do dia escura,
Que não vi cinco lustros acabados.

Corri terras e mares apartados,
Buscando à vida algum remédio ou cura;
Mas aquilo que, enfim, não quer Ventura,
Não o alcançam trabalhos arriscados.

Criou-me Portugal na verde e cara
Pátria minha Alanquer; mas ar corruto,
Que neste meu terreno vaso tinha,

Me fez manjar de peixes em ti, bruto
Mar, que bates na Abássia fera e avara,
Tão longe da ditosa Pátria minha!

104

No mundo quis o Tempo que se achasse
O bem que por acerto ou sorte vinha;
E, por exprimentar que dita tinha,
Quis que a Fortuna em mim se exprimentasse.

Mas por que meu destino me mostrasse
Que nem ter esperanças me convinha,
Nunca nesta tão longa vida minha
Cousa me deixou ver que desejasse.

Mudando andei costume, terra e estado,
Por ver se se mudava a sorte dura;
A vida pus nas mãos de um leve lenho.

Mas, segundo o que o Céu me tem mostrado,
Já sei que deste meu buscar ventura
Achado tenho já... que não a tenho.

105

Nos braços de um Silvano adormecendo
Se estava aquela Ninfa que eu adoro,
Pagando com a boca o doce foro,
Com que os meus olhos foi escurecendo.

Ó bela Vênus! por que estás sofrendo
Que a maior fermosura do teu Coro
Em um poder tão vil perca o decoro
Que o mérito maior lhe está devendo?

Eu levarei daqui por pressuposto,
Desta nova estranheza que fizeste,
Que em ti não pode haver cousa segura.

Que, pois o claro lume, o belo rosto
Àquele monstro tão disforme deste,
Não creio que haja Amor, senão Ventura.

106

No tempo que de amor viver soía,
Nem sempre andava ao remo ferrolhado;
Antes, agora livre, agora atado,
Em várias flamas variamente ardia.

Que ardesse num só fogo não queria
O Céu, por que tivesse exprimentado
Que nem mudar as causas ao cuidado
Mudança na ventura me faria.

E se algum pouco tempo andava isento,
Foi como quem co peso descansou,
Por tornar a cansar com mais alento.

Louvado seja Amor em meu tormento,
Pois pera passatempo seu tomou
Este meu tão cansado sofrimento!

107

Num bosque que das Ninfas se habitava,
Sibela, Ninfa linda, andava um dia;
E, subida nũa árvore sombria,
As amarelas flores apanhava.

Cupido, que ali sempre costumava
A vir passar a sesta à sombra fria,
Num ramo o arco e setas que trazia,
Antes que adormecesse, pendurava.

A Ninfa, como idôneo tempo vira
Pera tamanha empresa, não dilata,
Mas com as armas foge ao Moço esquivo.

As setas traz nos olhos, com que tira.
— Ó pastores! fugi, que a todos mata,
Senão a mim, que de matar-me vivo!

108

Num jardim adornado de verdura,
A que esmaltam por cima várias flores,

Entrou um dia a Deusa dos amores,
Com a Deusa da caça e da espessura.

Diana tomou logo ũa rosa pura,
Vênus um roxo lírio, dos melhores;
Mas excediam muito às outras flores
As violas na graça e fermosura.

Perguntam a Cupido, que ali estava,
Qual daquelas três flores tomaria
Por mais suave, pura e mais fermosa.

Sorrindo-se, o Menino lhe tornava:
—Todas fermosas são; mas eu queria
Viol'antes que lírio, nem que rosa.

109

Num tão alto lugar, de tanto preço,
Este meu pensamento posto vejo,
Que desfalece nele inda o desejo,
Vendo quanto por mim o desmereço.

Quando esta tal baixeza em mim conheço,
Acho que cuidar nele é grão despejo,
E que morrer por ele me é sobejo
E mor bem pera mim do que mereço.

O mais que natural merecimento
De quem me causa um mal tão duro e forte
O faz que vá crescendo de hora em hora.

Mas eu não deixarei meu pensamento,
Porque, inda que este mal me causa a morte,
Un bel morir tutta la vita onora.

110

Nunca em amor danou o atrevimento;
Favorece a Fortuna à ousadia;
Porque sempre a encolhida covardia
De pedra serve ao livre pensamento.

Quem se eleva ao sublime Firmamento,
A Estrela nele encontra que lhe é guia;
Que o bem que encerra em si a fantasia
São ũas ilusões que leva o vento.

Abrir-se devem passos à ventura;
Sem si próprio ninguém será ditoso;
Os princípios somente a Sorte os move.

Atrever-se é valor e não loucura;
Perderá por covarde o venturoso
Que vos vê, se os temores não remove.

111

O cisne, quando sente ser chegada
A hora que põe termo a sua vida,
Música com voz alta e mui subida
Levanta pela praia inabitada.

Deseja ter a vida prolongada,
Chorando do viver a despedida;
Com grande saüdade da partida,
Celebra o triste fim desta jornada.

Assim, Senhora minha, quando via
O triste fim que davam meus amores,
Estando posto já no extremo fio,

Com mais suave canto e harmonia
Descantei pelos vossos desfavores
La vuestra falsa fe y el amor mío.

112

O culto divinal se celebrava
No templo donde toda a criatura
Louva o Feitor divino, que a feitura
Com seu sagrado sangue restaurava.

Ali Amor, que o tempo me aguardava
Onde a vontade tinha mais segura,
Nũa celeste e angélica figura
A vista da razão me salteava.

Eu, crendo que o lugar me defendia
E seu livre costume não sabendo
— Que nenhum confiado lhe fugia —,

Deixei-me cativar; mas, já que entendo,
Senhora, que por vosso me queria,
Do tempo que fui livre me arrependo.

113

O dia em que nasci moura e pereça,
Não o queira jamais o tempo dar;
Não torne mais ao Mundo, e, se tornar,
Eclipse nesse passo o Sol padeça.

A luz lhe falte, o Sol se lhe escureça,
Mostre o Mundo sinais de se acabar,
Nasçam-lhe monstros, sangue chova o ar,
A mãe ao próprio filho não conheça.

As pessoas pasmadas, de ignorantes,
As lágrimas no rosto, a cor perdida,
Cuidem que o Mundo já se destruiu.

Ó gente temerosa, não te espantes,
Que este dia deitou ao Mundo a vida
Mais desgraçada que jamais se viu!

114

O filho de Latona esclarecido,
Que com seu raio alegra a humana gente,
O hórrido Fiton, brava serpente
Matou, sendo das gentes tão temido.

Feriu com arco e de arco foi ferido,
Com ponta aguda de ouro reluzente;
Nas tessálicas praias, docemente,
Pela Ninfa Peneia andou perdido.

Não lhe pôde valer pera seu dano
Ciência, diligências, nem respeito
De ser alto, celeste e soberano.

Se este nunca alcançou nem um engano
De quem era tão pouco em seu respeito,
Eu que espero de um ser que é mais que humano?

115

O fogo que na branda cera ardia,
Vendo o rosto gentil que eu na alma vejo,
Se acendeu de outro fogo do desejo,
Por alcançar a luz que vence o dia.

Como de dous ardores se incendia,
Da grande impaciência fez despejo,
E, remetendo com furor sobejo,
Vos foi beijar na parte onde se via.

Ditosa aquela flama, que se atreve
A apagar seus ardores e tormentos
Na vista de que o mundo tremer deve!

Namoram-se, Senhora, os Elementos
De vós, e queima o fogo aquela neve
Que quiema corações e pensamentos.

116

Oh! como se me alonga de ano em ano
A peregrinação cansada minha!

Como se encurta e como ao fim caminha
Este meu breve e vão discurso humano!

Vai-se gastando a idade e cresce o dano;
Perde-se-me um remédio que inda tinha;
Se por experiência se adivinha,
Qualquer grande esperança é grande engano.

Corro após este bem que não se alcança;
No meio do caminho me falece;
Mil vezes caio e perco a confiança.

Quando ele foge, eu tardo; e, na tardança,
Se os olhos ergo, a ver se inda parece,
Da vista se me perde e da esperança.

117

Oh! quão caro me custa o entender-te,
Molesto Amor, que, só por alcançar-te,
De dor em dor me tens trazido a parte
Onde em ti ódio e ira se converte!

Cuidei que, pera em tudo conhecer-te,
Me não faltasse experiência e arte;
Agora vejo na alma acrescentar-te
Aquilo que era causa de perder-te.

Estavas tão secreto no meu peito,
Que eu mesmo, que te tinha, não sabia
Que me senhoreavas deste jeito.

Descobriste-te agora; e foi por via
Que teu descobrimento e meu defeito,
Um me envergonha e outro me injuria.

118

Olhos fermosos, em quem quis Natura
Mostrar do seu poder altos sinais,
Se quiserdes saber quanto possais,
Vede-me a mim, que sou vossa feitura.

Pintada em mim se vê vossa figura,
No que eu padeço retratada estais;
Que, se eu passo tormentos desiguais,
Muito mais pode vossa fermosura

De mim não quero mais que o meu desejo;
Ser vosso, e só de ser vosso me arreio,
Por que o vosso penhor em mim se assele.

Não me lembro de mim, quando vos vejo,
Nem do mundo; e não erro, porque creio
Que, em lembrar-me de vós, cumpro com ele.

119

Ondados fios de ouro reluzente,
Que, agora da mão bela recolhidos,
Agora sobre as rosas estendidos,
Fazeis que sua beleza se acrescente;

Olhos, que vos moveis tão docemente,
Em mil divinos raios incendidos,
Se de cá me levais alma e sentidos,
Que fora, se de vós não fora ausente?

Honesto riso, que entre a mor fineza
De perlas e corais nasce e parece,
Se na alma em doces ecos não o ouvisse!

Se, imaginando só tanta beleza,
De si, em nova glória, a alma se esquece,
Que será quando a vir? Ah! quem a visse!

120

Ondas que por el mundo caminando
Contino vais llevadas por el viento,
Llevad envuelto en vos mi pensamiento,
Do está la que do está lo está causando.

Decidle que os estoy acrecentando,
Decidle que de vida no hay momento,
Decidle que no muere mi tormento,
Decidle que no vivo ya esperando.

Decidle cuán perdido me hallastes,
Decidle cuán ganado me perdistes,
Decide cuán sin vida me matastes.

Decidle cuán llagado me feristes,
Decidle cuán sin mí que me dejastes,
Decidle cuán con ella que me vistes!

121

Onde acharei lugar tão apartado
E tão isento em tudo da Ventura,
Que, não digo eu de humana criatura,
Mas nem de feras seja frequentado?

Algum bosque medonho e carregado,
Ou selva solitária, triste e escura,
Sem fonte clara ou plácida verdura,
Enfim, lugar conforme a meu cuidado?

Porque ali, nas entranhas dos penedos,
Em vida morto, sepultado em vida,
Me queixe copiosa e livremente;

Que, pois a minha pena é sem medida,
Ali eu serei triste em dias ledos
E dias tristes me farão contente.

122

Onde mereci eu tal pensamento,
Nunca de ser humano merecido?
Onde mereci eu ficar vencido
De quem tanto me honrou co vencimento?

Em glória se converte o meu tormento,
Quando, vendo-me, estou tão bem perdido;
Pois não foi tanto mal ser atrevido,
Como foi glória o mesmo atrevimento.

Vivo, Senhora, só de contemplar-vos;
E, pois esta alma tenho tão rendida,
Em lágrimas desfeito acabarei.

Porque não me farão deixar de amar-vos
Receios de perder por vós a vida,
Que por vós vezes mil a perderei.

123

O raio cristalino se estendia,
Pelo Mundo, da Aurora marchetada,
Quando Nise, pastora delicada,
Donde a vida deixava se partia.

Dos olhos, com que o sol escurecia,
Levando a vista em lágrimas banhada,
De si, do Fado e Tempo magoada,
Pondo os olhos no céu, assim dizia:

— Nasce, sereno Sol, puro e luzente;
Resplandece, fermosa e roxa Aurora,
Qualquer alma alegrando descontente;

Que a minha, sabe tu que, desde agora,
Jamais na vida a podes ver contente,
Nem tão triste nenhũa outra pastora.

124

Orfeu enamorado que tañía
Por la perdida Ninfa, que buscaba,

En el Orco implacable donde estaba,
Con la arpa y con la voz le enternecía.

La rueda de Ixión no se movía,
Ningún atormentado se quejaba,
Las penas de los otros ablandaba,
Y todas las de todos él sentía.

El son pudo obligar de tal manera,
Que, en dulce galardón de lo cantado,
Los infernales Reyes, condolidos,

Le mandaron volver su compañera,
Y volvióla a perder el desdichado,
Con que fueron entrambos los perdidos.

125

Os reinos e os impérios poderosos
Que em grandeza no mundo mais cresceram,
Ou, por valor do esforço, floresceram,
Ou por varões nas letras espantosos.

Teve Grécia Temístocles; famosos,
Os Cipiões a Roma engrandeceram;
Doze Pares a França glória deram;
Cides a Espanha e Laras belicosos.

Ao nosso Portugal (que agora vemos
Tão diferente de seu ser primeiro)
Os vossos deram honra e liberdade.

E em vós, grão sucessor e novo herdeiro
Do Bragançao estado, há mil extremos
Iguais ao sangue e mores que a idade.

126

Os vestidos Elisa revolvia
Que lhe Eneias deixara por memória,
Doces despojos da passada glória,
Doces, quando seu Fado o consentia.

Entre eles a fermosa espada via
Que instrumento foi da triste história;
E, como quem de si tinha a vitória,
Falando só com ela, assim dizia:

— Fermosa e nova espada, se ficaste
Só pera executares os enganos
De quem te quis deixar, em minha vida,

Sabe que tu comigo te enganaste;
Que, pera me tirar de tantos danos,
Sobeja-me a tristeza da partida.

127

O tempo acaba o ano, o mês e a hora,
A força, a arte, a manha, a fortaleza;
O tempo acaba a fama e a riqueza,
O tempo o mesmo tempo de si chora;

O tempo busca e acaba o onde mora
Qualquer ingratidão, qualquer dureza;
Mas não pode acabar minha tristeza,
Enquanto não quiserdes vós, Senhora.

O tempo o claro dia torna escuro,
E o mais ledo prazer em choro triste;
O tempo, a tempestade em grão bonança.

Mas de abrandar o tempo estou seguro
O peito de diamante, onde consiste
A pena e o prazer desta esperança.

128

Passo por meus trabalhos tão isento
De sentimento grande nem pequeno,
Que só pela vontade com que peno
Me fica Amor devendo mais tormento.

Mas vai-me Amor matando tanto a tento,
Temperando a triaga co veneno,
Que do penar a ordem desordeno,
Porque não mo consente o sofrimento.

Porém, se esta fineza o Amor não sente
E pagar-me meu mal com mal pretende,
Torna-me com prazer como ao sol neve.

Mas, se me vê cos males tão contente,
Faz-se avaro da pena, porque entende
Que quanto mais me paga, mais me deve.

129

Pede o desejo, Dama, que vos veja.
Não entende o que pede; está enganado.
É este amor tão fino e tão delgado,
Que quem o tem não sabe o que deseja.

Não há cousa a qual natural seja
Que não queira perpétuo seu estado.
Não quer logo o desejo o desejado,
Por que não falte nunca onde sobeja.

Mas este puro afeito em mim se dana;
Que, como a grave pedra tem por arte
O centro desejar da Natureza,

Assim o pesamento, pela parte
Que vai tomar de mim, terrestre, humana,
Foi, Senhora, pedir esta baixeza.

130

Pelos extremos raros que mostrou
Em saber Palas, Vênus em fermosa,
Diana em casta, Juno em animosa,
África, Europa e Ásia as adorou.

Aquele saber grande, que ajuntou
Esprito e corpo em liga generosa,
Esta mundana máquina lustrosa
De só quatro elementos fabricou.

Mas mor milagre fez a Natureza
Em vós, Senhoras, pondo em cada ũa
O que por todas quatro repartiu.

A vós seu resplendor deu Sol e Lũa;
A vós, com viva luz, graça e pureza,
Ar, Fogo, Terra e Água vos serviu.

131

Pensamentos, que agora novamente
Cuidados vãos em mim ressuscitais,
Dizei-me: Ainda não vos contentais
De terdes quem vos tem tão descontente?

Que fantasia é esta, que presente
Cada hora ante meus olhos me mostrais?
Com sonhos e com sombras atentais
Quem nem por sonhos pode ser contente?

Vejo-vos, pensamentos, alterados,
E não quereis, de esquivos, declarar-me
Que é isto que vos traz tão enleados?

Não me negueis, se andais pera negar-me;
Que, se contra mi estais alevantados,
Eu vos ajudarei mesmo a matar-me.

132

Pois meus olhos não cansam de chorar
Tristezas, que não cansam de cansar-me;

Pois não abranda o fogo em que abrasar-me
Pôde quem eu jamais pude abrandar;

Não canse o cego Amor de me guiar
A parte donde não saiba tornar-me;
Nem deixe o mundo todo de escutar-me,
Enquanto me a voz fraca não deixar.

E se nos montes, rios ou em vales
Piedade mora ou dentro mora amor
Em feras, aves, prantas, pedras, águas,

Ouçam a longa história de meus males,
E curem sua dor com minha dor,
Que grandes mágoas podem curar mágoas.

133

Por cima destas águas, forte e firme,
Irei por onde as sortes ordenaram,
Pois, por cima de quantas me choraram
Aqueles claros olhos, pude vir-me.

Já chegado era o fim de despedir-me;
Já mil impedimentos se acabaram,
Quando rios de amor se atravessaram
A me impedir o passo de partir-me.

Passei-os eu com ânimo obstinado,
Com que a morte forçada e gloriosa
Faz o vencido já desesperado.

Em que figura, ou gesto desusado,
Pode já fazer medo a morte irosa
A quem tem a seus pés rendido e atado?

134

Por que quereis, Senhora, que ofereça
A vida a tanto mal como padeço?
Se vos nasce do pouco que mereço,
Bem por nascer está quem vos mereça.

Sabei que, enfim, por muito que vos peça,
Que possa merecer quanto vos peço;
Que não consente Amor que em baixo preço
Tão alto pensamento se conheça.

Assim que a paga igual de minhas dores
Com nada se restaura; mas deveis-ma,
Por ser capaz de tantos desfavores.

E se o valor de vossos servidores
Houver de ser igual convosco mesma,
Vós só convosco mesma andai de amores.

135

Por sua Ninfa, Céfalo deixava
Aurora, que por ele se perdia,
Posto que dá princípio ao claro dia,
Posto que as roxas flores imitava.

Ele, que a bela Prócris tanto amava
Que só por ela tudo enjeitaria,
Deseja de atentar se lhe acharia
Tão firme fé como ela nele achava.

Mudado o trajo, tece o duro engano:
Outro se finge, preço põe diante;
Quebra-se a fé mudável, e consente.

Oh! engenho sutil pera seu dano!
Vede que manhas busca um cego amante,
Pera que sempre seja descontente!

136

Posto me tem Fortuna em tal estado,
E tanto a seus pés me tem rendido!
Não tenho que perder já, de perdido;
Não tenho que mudar já, de mudado.

Todo o bem pera mim é acabado;
Daqui dou o viver já por vivido;
Que, aonde o mal é tão conhecido,
Também o viver mais será escusado.

Se me basta querer, a morte quero,
Que bem outra esperança não convém;
E curarei um mal com outro mal.

E, pois do bem tão pouco bem espero,
Já que o mal este só remédio tem,
Não me culpem em querer remédio tal.

137

Presença bela, angélica figura,
Em quem quanto o Céu tinha nos tem dado;
Gesto alegre, de rosas semeado,
Entre as quais se está rindo a Fermosura;

Olhos onde tem feito tal mistura
Em cristal branco o preto marchetado,
Que vemos já no verde delicado
Não esperança, mas inveja escura;

Brandura, aviso e graça, que aumentando
A natural beleza cum desprezo,
Com que, mais desprezada, mais se aumenta:

São as prisões dum coração que, preso,
Seu mal ao som dos ferros vai cantando,
Como faz a Sereia na tormenta.

138

Pues lágrimas tratáis, mis ojos tristes,
Y en lágrimas pasáis la noche y día,
Mirad si es llanto éste que os envía
Aquella por quien vos tantas vertistes.

Sentid, mis ojos, bien esta que vistes;
Y si ella lo es, oh gran ventura mía!
Por muy bien empleados los habría
Mil cuentos que por esta sola distes.

Mas una cosa mucho deseada,
Aunque se vea cierta, no es creída,
Cuanto más esta, que me es enviada.

Pero digo que aunque sea fingida,
Que basta que por lágrima sea dada,
Porque sea por lágrima tenida.

139

Qual tem a borboleta por costume,
Que, enlevada na luz da acesa vela,
Dando vai voltas mil, até que nela
Se queima agora, agora se consume,

Tal eu correndo vou ao vivo lume
Desses olhos gentis, Aônia bela;
E abraso-me, por mais que com cautela
Livrar-me a parte racional presume.

Conheço o muito a que se atreve a vista,
O quanto se levanta o pensamento,
O como vou morrendo claramente;

Porém, não quer Amor que lhe resista,
Nem a minha alma o quer; que em tal tormento,
Qual em glória maior, está contente.

140

Quando a suprema dor muito me aperta,
Se digo que desejo esquecimento,

É força que se faz ao pensamento,
De que a vontade livre desconcerta.

E assim, de erro tão grave me desperta
A luz do bem-regido entendimento,
Mostrando que é engano ou fingimento
Dizer que em tal descanso mais se acerta.

Porque essa mesma imagem, que na mente
Me representa o bem de que careço,
Mo faz de um certo modo ser presente.

Ditosa é, logo, a pena que padeço,
Pois que da causa dela em mim se sente
Um bem que, inda sem ver-vos, reconheço.

141

Quando cuido no tempo que contente
Vi as pérolas, neve, rosa e ouro,
Como quem vê por sonhos um tesouro.
Parece tenho tudo aqui presente.

Mas tanto que se passa este acidente
E vejo o quão distante de vós mouro,
Temo quanto imagino por agouro,
Por que de imaginar também me ausente.

Já foram dias em que por ventura
Vos vi, Senhora, se, assim dizendo, posso
Co coração seguro estar sem medo;

Agora, em tanto mal não mo assegura
A própria fantasia e nojo vosso!
Eu não posso entender este segredo!

142

Quando da bela vista e doce riso
Tomando estão meus olhos mantimento,
Tão enlevado sinto o pensamento,
Que me faz ver na terra o Paraíso.

Tanto do bem humano estou diviso,
Que qualquer outro bem julgo por vento;
Assim que, em caso tal, segundo sento,
Assaz de pouco faz quem perde o siso.

Em vos louvar, Senhora, não me fundo,
Porque quem vossas cousas claro sente,
Sentirá que não pode conhecê-las.

Que de tanta estranheza sois ao mundo,
Que não é de estranhar, Dama excelente,
Que quem vos fez fizesse céu e estrelas.

143

Quando de minhas mágoas a comprida
Maginação os olhos me adormece,
Em sonhos aquela alma me aparece
Que pera mim foi sonho nesta vida.

Lá nũa soidade, onde estendida
A vista pelo campo desfalece,
Corro pera ela; e ela então parece
Que mais de mim se alonga, compelida.

Brado: — Não me fujais, sombra benina! —
Ela, os olhos em mim, cum brando pejo,
Como quem diz que já não pode ser,

Torna a fugir-me. E eu, gritando: — *Dina...* —
Antes que diga — *...mene!*, — acordo, e vejo
Que nem um breve engano posso ter.

144

Quando o Sol encoberto vai mostrando
Ao mundo a luz quïeta e duvidosa,
Ao longo de ũa praia deleitosa
Vou na minha inimiga imaginando:

Aqui a vi, os cabelos concertando;
Ali, coa mão na face tão fermosa;
Aqui falando alegre, ali cuidosa;
Agora estando queda, agora andando;

Aqui esteve sentada, ali me viu,
Erguendo aqueles olhos tão isentos;
Aqui movida um pouco, ali segura;

Aqui se entristeceu, ali se riu.
Enfim, nestes cansados pensamentos
Passo esta vida vã, que sempre dura.

145

Quando, Senhora, quis Amor que amasse
Essa grão perfeição e gentileza,
Logo deu por sentença que a crueza
Em vosso peito Amor acrescentasse.

Determinou que nada me apartasse,
Nem desfavor cruel, nem aspereza,
Mas que em minha raríssima firmeza
Vossa isenção cruel se executasse.

E, pois tendes aqui oferecida
Esta alma vossa a vosso sacrifício,
Acabai de fartar vossa vontade.

Não lhe alargueis, Senhora, mais a vida;
Acabará morrendo em seu oficio,
Sua fé defendendo e lealdade.

146

Quando se vir com água o fogo arder,
E misturar co dia a noite escura,
E a terra se vir naquela altura
Em que se vem os céus prevalecer;

O Amor por Razão mandado ser
E a todos ser igual nossa ventura,
Com tal mudança, vossa fermosura
Então a poderei deixar de ver.

Porém, não sendo vista esta mudança
No mundo (como claro está não ver-se),
Não se espere de mim deixar de ver-vos.

Que basta estar em vós minha esperança,
O ganho da minha alma, e o perder-se,
Pera não deixar nunca de querer-vos.

147

Quando vejo que meu destino ordena
Que, por me exprimentar, de vós me aparte,
Deixando de meu bem tão grande parte
Que a mesma culpa fica grave pena,

O duro desfavor que me condena,
Quando pela memória se reparte,
Endurece os sentidos de tal arte,
Que a dor da ausência fica mais pequena.

Pois como pode ser que, na mudança
Daquilo que mais quero, este tão fora
De me não apartar também da vida?

Eu refrearei tão áspera esquivança;
Porque mais sentirei partir, Senhora,
Sem sentir muito a pena da partida.

148

Quanta incerta esperança, quanto engano!
Quanto viver de falsos pensamentos,

Pois todos vão fazer seus fundamentos
Só no mesmo em que está seu próprio dano!

Na incerta vida estribam de um humano;
Dão crédito a palavras que são ventos;
Choram depois as horas e os momentos
Que riram com mais gosto em todo o ano.

Não haja em aparências confianças;
Entendei que o viver é de emprestado;
Que o de que vive o mundo são mudanças.

Mudai, pois, o sentido e o cuidado,
Somente amando aquelas esperanças
Que duram pera sempre com o amado.

149

Quantas vezes do fuso se esquecia
Daliana, banhando o lindo seio,
Tantas vezes, de um áspero receio
Salteado, Laurênio a cor perdia.

Ela, que a Sílvio mais que a si queria,
Pera podê-lo ver não tinha meio.
Ora como curara o mal alheio
Quem o seu mal tão mal curar sabia?

Ele, que viu tão clara esta verdade,
Com soluços dizia, que a espessura
Comovia, de mágoa, a piedade:

— Como pode a desordem da Natura
Fazer tão diferentes na vontade
A quem fez tão conformes na ventura?

150

Quão cedo te roubou a Morte dura,
Ânimo ilustre, a grandes cousas dado,
Deixando o frio corpo assim lançado
Em estranha mas nobre sepultura!

Desta vida de cá, que pouco dura,
Todo de sangue imigo já banhado,
Por mão de teu valor foste levado
Aos campos da imortal vida segura.

O esprito goza da ditosa idade,
E o corpo, não cabendo cá na terra,
Às aves que o levassem se entregou.

Deixaste a todos mágoa e saüdade;
Buscaste morte honrosa em dura guerra,
Deu-te o Tejo, e o Ganges te levou.

151

— Que esperais, Esperança? — Desespero.
— Quem disso a causa foi? — Ũa mudança.
—Vós, Vida, como estais? — Sem esperança.
— Que dizeis, Coração? — Que muito quero.

— Que sentis, Alma, vós? — Que Amor é fero.
— E, enfim, como viveis? — Sem confiança.
— Quem vos sustenta, logo? — Ũa lembrança.
— E só nela esperais? — Só nela espero.

— Em que podeis parar? — Nisto em que estou.
— E em que estais vós? — Em acabar a vida.
— E tend-lo por bem? — Amor o quer.

— Quem vos obriga assim? — Saber quem sou.
— E quem sois? — Quem de todo está rendida.
— A quem rendida estais? — A um só querer.

152

— Que levas, cruel Morte? — Um claro dia.
— A que horas o tomaste? — Amanhecendo.
— Entendes o que levas? — Não o entendo.
— Pois quem to faz levar? — Quem o entendia.

— Seu corpo quem o goza? — A terra fria.
— Como ficou sua luz? — Anoitecendo.
— Lusitânia que diz? — Fica dizendo:
"Enfim, não mereci Dona Maria."

— Mataste quem a viu? — Já morto estava.
— Que diz o cru Amor? — Falar não ousa.
— E quem o faz calar? — Minha vontade.

— Na Corte que ficou? — Saudade brava.
— Que fica lá que ver? — Nenhũa cousa;
Mas fica que chorar sua beldade.

153

Quem diz que Amor é falso ou enganoso,
Ligeiro, ingrato, vão, desconhecido,
Sem falta lhe terá bem merecido
Que lhe seja cruel ou rigoroso.

Amor é brando, é doce e é piedoso.
Quem o contrário diz não seja crido;
Seja por cego e apaixonado tido,
E aos homens, e inda aos Deuses, odioso.

Se males faz Amor, em mim se veem;
Em mim mostrando todo o seu rigor,
Ao mundo quis mostrar quanto podia.

Mas todas suas iras são de amor;
Todos estes seus males são um bem,
Que eu por todo outro bem não trocaria.

154

Que me quereis, perpétuas saüdades?
Com que esperança ainda me enganais?
Que o tempo que se vai não torna mais,
E, se torna, não tornam as idades.

Razão é já, ó anos, que vos vades,
Porque estes tão ligeiros que passais,
Nem todos pera um gosto são iguais,
Nem sempre são conformes as vontades.

Aquilo a que já quis é tão mudado,
Que quase é outra cousa; porque os dias
Têm o primeiro gosto já danado.

Esperanças de novas alegrias
Não me deixa a Fortuna e o Tempo errado,
Que do contentamento são espias.

155

Quem fosse acompanhando juntamente
Por esses verdes campos a avezinha
Que, depois de perder um bem que tinha,
Não sabe mais que cousa é ser contente!

Quem fosse apartando-se da gente,
Ela, por companheira e por vizinha,
Ma ajudasse a chorar a pena minha;
Eu a ela, o pesar que tanto sente!

Ditosa ave! que, ao menos, se a Natura
A seu primeiro bem não dá segundo,
Dá-lhe o ser triste a seu contentamento.

Mas triste quem de longe quis ventura,
Que pera respirar, lhe falte o vento,
E pera tudo, enfim, lhe falte o mundo!

156

— Quem jaz no grão sepulcro, que descreve
Tão ilustres sinais no forte escudo?

— Ninguém; que nisso, enfim, se torna tudo;
Mas foi quem tudo pôde e tudo teve.

— Foi Rei? — Fez tudo quanto a Rei se deve;
Pôs na guerra e na paz devido estudo.
Mas quão pesado foi ao Mouro rudo
Tanto lhe seja agora a terra leve.

— Alexandre será? — Ninguém se engane;
Que sustentar, mais que adquirir se estima.
— Será Adriano, grão senhor do Mundo?

— Mais observante foi da Lei de cima.
— É Numa? — Numa não, mas é Joane
De Portugal terceiro, sem segundo.

157

Que modo tão sutil da Natureza,
Pera fugir ao mundo e seus enganos,
Permite que se esconda em tenros anos
Debaixo de um burel tanta beleza!

Mas esconder-se não pode aquela alteza
E gravidade de olhos soberanos,
A cujo resplandor entre os humanos
Resistência não sinto, ou fortaleza.

Quem quer livre ficar de dor e pena,
Vendo-a ou trazendo-a na memória,
Na mesma razão sua se condena.

Porque quem mereceu ver tanta glória
Cativo há de ficar, que Amor ordena
Que de juro tenha ela esta vitória.

158

Quem pode livre ser, gentil Senhora,
Vendo-vos com juízo sossegado,
Se o Menino que de olhos é privado
Nas meninas de vossos olhos mora?

Ali manda, ali reina, ali namora,
Ali vive das gentes venerado;
Que o vivo lume e o rosto delicado
Imagens são nas quais o Amor se adora.

Quem vê que em branca neve nascem rosas
Que fios crespos de ouro vão cercando,
Se por entre esta luz a vista passa,

Raios de ouro verá, que as duvidosas
Almas estão no peito traspassando,
Assim como um cristal o Sol traspassa.

159

Quem presumir, Senhora, de louvar-vos
Com humano saber, e não divino,
Ficará de tamanha culpa dino
Quamanha ficais sendo em contemplar-vos.

Não pretenda ninguém de louvor dar-vos,
Por mais que raro seja e peregrino:
Que vossa fermosura eu imagino
Que Deus a ele só quis comparar-vos.

Ditosa esta alma vossa, que quisestes
Em posse pôr de prenda tão subida,
Como, Senhora, foi a que me destes.

Melhor a guardarei que a própria vida;
Que, pois mercê tamanha me fizestes,
De mim será jamais nunca esquecida.

160

Quem pudera julgar de vós, Senhora,
Que com tal fé podia assim perder-vos,
E vir eu por amor a aborrecer-vos?
Que hei de fazer sem vós somente ũa hora?

Deixastes quem vos ama e vos adora,
Tomastes quem quiçá não sabe ver-vos.
Eu fui o que não soube merecer-vos,
E tudo entendo e choro, triste, agora.

Nunca soube entender vossa vontade,
Nem a minha mostrar-vos verdadeira,
Inda que está tão clara esta verdade.

Em mim viverá ela sempre inteira;
E se pera perder já a vida é tarde,
A morte não fará que vos não queira.

161

Quem quiser ver de Amor ũa excelência
Onde sua fineza mais se apura,
Atente onde me põe minha ventura,
Por ter de minha fé experiência.

Onde lembranças mata a longa ausência,
Em temeroso mar, em guerra dura,
Ali a saüdade está segura,
Quando mor risco corre a paciência.

Mas ponha-me a Fortuna e o duro Fado
Em nojo, morte, dano e perdição,
Ou em sublime e próspera ventura;

Ponha-me, enfim, em baixo ou alto estado;
Que até na dura morte me acharão
Na língua o nome e na alma a vista pura.

162

Quem vê, Senhora, claro e manifesto
O lindo ser de vossos olhos belos,
Se não perder a vista só em vê-los,
Já não paga o que deve a vosso gesto.

Este me parecia preço honesto;
Mas eu, por de vantagem merecê-los,
Dei mais a vida e alma por querê-los,
Donde já me não fica mais de resto.

Assim que a vida e alma e esperança,
E tudo quanto tenho, tudo é vosso;
E o proveito disso eu só o levo.

Porque é tamanha bem-aventurança
O dar-vos quanto tenho e quanto posso,
Que, quanto mais vos pago, mais vos devo.

163

Quem vos levou de mim, saudoso estado,
Que tanta sem-razão comigo usastes?
Quem foi, por quem tão presto me negastes,
Esquecido de todo o bem passado?

Trocastes-me um descanso em um cuidado
Tão duro, tão cruel qual me ordenastes;
A fé que tínheis dado me negastes,
Quando mais nela estava confiado.

Vivia sem receio deste mal.
Fortuna, que tem tudo a sua mercê,
Amor com desamor me revolveu.

Bem sei que neste caso nada val,
Que quem nasceu chorando, justo é
Que pague com chorar o que perdeu.

164

Que pode já fazer minha ventura
Que seja pera meu contentamento?

Ou como fazer devo fundamento
De cousa que o não tem, nem é segura?

Que pena pode ser tão certa e dura
Que possa ser maior que meu tormento?
Ou como receará meu pensamento
Os males, se com eles mais se apura?

Como quem se costuma de pequeno
Com peçonha criar por mão ciente
Da qual o uso já o tem seguro,

Assim, de acostumado co veneno,
O uso de sofrer meu mal presente
Me faz não sentir já nada o futuro.

165

Que poderei do mundo já querer,
Que naquilo em que pus tamanho amor,
Não vi senão desgosto e desamor,
E morte, enfim, que mais não pode ser?

Pois vida me não farta de viver,
Pois já sei que não mata grande dor,
Se cousa há que mágoa dê maior,
Eu a verei; que tudo posso ver.

A morte, a meu pesar, me assegurou
De quanto mal me vinha; já perdi
O que a perder o medo me ensinou.

Na vida, desamor somente vi;
Na morte, a grande dor que me ficou.
Parece que pera isto só nasci!

166

Que vençais no Oriente tantos reis,
Que do novo nos deis da Índia o Estado,
Que escureçais a fama que ganhado
Tinham os que a ganharam a infiéis,

Que do tempo tenhais vencido as leis,
Que tudo, enfim, vençais co tempo armado,
Mais é vencer na Pátria, desarmado,
Os Montros e as Quimeras que venceis.

E assim, sobre vencerdes tanto imigo,
E por armas fazer que, sem segundo,
Vosso nome no mundo ouvido seja,

O que vos dá mais nome inda no mundo
É vencerdes, Senhor, no Reino amigo,
Tantas ingratidões, tão grande inveja!

167

Razão é já que minha confiança
Se desça de sua falsa opinião;
Mas Amor não se rege por razão;
Não posso perder, logo, a esperança.

A vida, sim; que ũa áspera mudança
Não deixa viver tanto um coração.
E eu tenho na morte a salvação?
Sim; mas quem a deseja não a alcança.

Forçado é logo assim que espere e viva.
Ah! dura lei de Amor, que não consente
Quietação nũa alma que é cativa!

Se hei de viver, enfim, forçadamente,
Pera que quero a glória fugitiva
De ũa esperança vã que me atormente?

168

Se a fortuna inquieta e mal-olhada,
Que a justa lei do Céu consigo infama,
A vida quieta, que ela mais desama,
Me concedera, honesta e repousada,

Pudera ser que a Musa, alevantada
Com luz de mais ardente e viva flama,
Fizera ao Tejo, lá, na pátria cama,
Adormecer co som da lira amada.

Porém, pois o destino trabalhoso,
Que me escurece a Musa fraca e lassa,
Louvor de tanto preço não sustenta,

A vossa, de louvar-me pouco escassa,
Outro sujeito busque valeroso,
Tal qual em vós ao mundo se apresenta.

169

Se algũa hora em vós a piedade
De tão longo tormento se sentira,
Não consentira amor que me partira
De vossos olhos, minha saüdade.

Apartei-me de vós, mas a vontade,
Que pelo natural na alma vos tira,
Me faz crer que esta ausência é de mentira;
Mas inda mal, porém, porque é verdade.

Ir-me-ei, Senhora, e neste apartamento
Tomarão tristes lágrimas vingança
Nos olhos de quem fostes mantimento.

E assim darei vida a meu tormento,
Que, enfim, cá me achará minha lembrança,
Sepultado no vosso esquecimento.

170

Se a ninguém tratais com desamor,
Antes a todos tendes afeição,
E se a todos mostrais um coração
Cheio de mansidão, cheio de amor;

Desde hoje me tratai com desfavor,
Mostrai-me um ódio esquivo, ũa isenção;
Poderei acabar de crer então
Que somente a mim me dais favor;

Que, se tratais a todos brandamente,
Claro é que aquele é só favorecido
A quem mostrais irado o continente.

Mal poderei eu ser de vós querido,
Se tendes outro amor na alma presente:
Que amor é um, não pode ser partido.

171

Se as penas com que Amor tão mal me trata
Quiser que tanto tempo viva delas,
Que veja escuro o lume das estrelas
Em cuja vista o meu se acende e mata;

E, se o tempo, que tudo desbarata,
Secar as frescas rosas sem colhê-las,
Mostrando a linda cor das tranças belas
Mudada de ouro fino em bela prata;

Vereis, Senhora, então também mudado
O pensamento e aspereza vossa,
Quando não sirva já sua mudança.

Suspirareis então pelo passado,
Em tempo quando executar-se possa
Em vosso arrepender minha vingança.

172

Se com desprezos, Ninfa, te parece
Que podes desviar do seu cuidado

Um coração constante, que se ofrece
A ter por glória o ser atormentado,

Deixa a tua porfia, e reconhece
Que mal sabes de amor desenganado,
Pois não sentes, nem vês que em teu mal cresce,
Crescendo em mim, de ti mais desamado.

O esquivo desamor com que me tratas
Converte em piedade, se não queres
Que cresça o meu querer e o teu desgosto.

Vencer-me com cruezas nunca esperes;
Bem me podes matar, e bem me matas;
Mas sempre há de viver meu pressuposto.

173

Se, depois de esperança tão perdida,
Amor pela ventura consentisse
Que ainda algũa hora breve alegre visse
De quantas tristes viu tão longa vida;

Ũa alma já tão fraca e tão caída,
Por mais alto que a sorte me subisse,
Não tenho pera mim que consentisse
Alegria tão tarde consentida.

Não tão somente Amor me não mostrou
Ũa hora em que vivesse alegremente,
De quantas nesta vida me negou;

Mas inda tanta pena me consente
Que co contentamento me tirou
O gosto de algũa hora ser contente.

174

Se de vosso fermoso e lindo gesto
Nasceram lindas flores pera os olhos,
Que pera o peito são duros abrolhos,
Em mim se vê, mui claro e manifesto;

Pois vossa fermosura e vulto honesto
Em os ver, de boninas vi mil molhos;
Mas, se meu coração tivera antolhos,
Não vira em vós seu dano e mal funesto;

Um mal visto por bem, um bem tristonho,
Que me traz elevado o pensamento
Em mil, porém diversas, fantasias,

Nas quais eu sempre ando e sempre sonho;
E vós não cuidais mais que em meu tormento
Em que fundais as vossas alegrias.

175

Se em mim, ó Alma, vive mais lembrança
Que aquela só da glória de querer-vos,
Eu perca todo o bem que logro em ver-vos,
E de ver-vos também toda a esperança.

Veja-se em mim tão rústica esquivança,
Que possa indigno ser de conhecer-vos
E, quando em mor empenho de aprazer-vos,
Vos ofenda, se em mim houver mudança.

Confirmado estou já nesta certeza;
Examine-me vossa crueldade,
Exprimente-se em mim vossa dureza.

Conhecei já de mim tanta verdade,
Pois, em penhor e fé desta pureza,
Tributo vos fiz ser o que é vontade.

176

Seguia aquele fogo, que o guiava,
Leandro, contra o mar e contra o vento;
As forças lhe faltavam já, e o alento;
Amor lhas refazia e renovava.

Depois que viu que a alma lhe faltava,
Não esmorece, mas, no pensamento,
(Que a língua já não pode) seu intento
Ao mar que lho cumprisse encomendava.

— Ó mar (dizia o moço só consigo)
Já te não peço a vida; só queria
Que a de Hero me salvasses; não me veja.

Este meu corpo morto lá o desvia
Daquela torre. Sê-me nisto amigo,
Pois no meu maior bem me houveste inveja!

177

Sempre a Razão vencida foi de Amor,
Mas, porque assi o pedia o coração,
Quis Amor ser vencido da Razão.
Ora que caso pode haver maior!

Novo modo de morte e nova dor!
Estranheza de grande admiração,
Que perde suas forças a afeição,
Por que não perca a pena o seu rigor!

Pois nunca houve fraqueza no querer,
Mas antes muito mais se esforça assim
Um contrário com outro por vencer.

Mas a Razão, que a luta vence, enfim,
Não creio que é Razão; mas há de ser
Inclinação que eu tenho contra mim.

178

Sempre, cruel Senhora, receei,
Medindo vossa grão desconfiança,
Que desse em desamor vossa tardança,
E que me perdesse eu, pois vos amei.

Perca-se, enfim, já tudo o que esperei,
Pois noutro amor já tendes esperança.
Tão patente será vossa mudança,
Quanto eu encobri sempre o que vos dei.

Dei-vos a alma, a vida e o sentido;
De tudo o que em mim há vos fiz senhora.
Prometeis e negais o mesmo Amor.

Agora tal estou que, de perdido,
Não sei por onde vou, mas algũa hora
Vos dará tal lembrança grande dor.

179

Senhora já desta alma, perdoai
De um vencido de Amor os desatinos,
E sejam vossos olhos tão beninos
Com este puro amor, que da alma sai.

A minha pura fé somente olhai,
E vede meus extremos se são finos;
E, se de algũa pena forem dinos,
Em mim, Senhora minha, vos vingai.

Não seja a dor que abrasa o triste peito
Causa por onde pene o coração,
Que tanto em firme amor vos é sujeito.

Guardai-vos do que alguns, Dama, dirão:
— Que, sendo raro em tudo vosso objeito,
Possa morar em vós ingratidão.

180

Senhora minha, se a Fortuna imiga,
Que em minha fim com todo o Céu conspira,

Os olhos meus de ver os vossos tira,
Por que em mais graves casos me persiga,

Comigo levo esta alma, que se obriga,
Na mor pressa de mar, de fogo, de ira,
A dar-vos a memória, que suspira
Só por fazer convosco eterna liga.

Nesta alma, onde a Fortuna pode pouco,
Tão viva vos terei, que frio e fome
Vos não possam tirar, nem vãos perigos.

Antes, co som da voz trêmulo e rouco
Bradando por vós, só com vosso nome
Farei fugir os ventos e os imigos.

181

Senhora minha, se de pura inveja
Amor me tolhe a vista delicada,
A cor, de rosa e neve semeada,
E dos olhos a luz que o Sol deseja,

Não me pode tolher que vos não veja
Nesta alma, que ele mesmo vos tem dada,
Onde vos terei sempre debuxada,
Por mais cruel imigo que me seja.

Nela vos vejo, e vejo que não nasce
Em belo e fresco prado deleitoso
Senão flor que dá cheiro a toda a serra.

Os lírios tendes nũa e noutra face.
Ditoso quem os vir, mas mais ditoso
Quem os tiver, se há tanto bem na terra!

182

Senhor João Lopes, o meu baixo estado
Ontem vi posto em grau tão excelente,
Que vós que sois inveja a toda a gente,
Só por mim vos quiséreis ver trocado.

Vi o gesto suave e delicado,
Que já vos fez contente e descontente,
Lançar ao vento a voz tão docemente,
Que fez ao ar sereno e sossegado.

Vi-lhe em poucas palavras dizer quanto
Ninguém diria em muitas; eu só, cego,
Magoado fiquei na doce fala.

Mas mal haja a Fortuna e o Moço cego!
Um, porque os corações obriga a tanto;
Outra, porque os estados desiguala.

183

Sentindo-se tomada a bela esposa
De Céfalo, no crime consentido,
Pera os montes fugia do marido
E não sei se de astuta ou vergonhosa.

Porque ele, enfim, sofrendo a dor ciosa,
De amor cego e forçoso compelido,
Após ela se vai como perdido,
Já perdoando a culpa criminosa.

Deita-se aos pés da Ninfa endurecida,
Que do cioso engano está agravada;
Já lhe pede perdão, já pede a vida.

Oh! força de afeição desatinada!
Que, da culpa contra ele cometida,
Perdão pedia à parte que é culpada!

184

Se pena por amar-vos se merece,
Quem dela livre está? ou quem isento?
Que alma, que razão, que entendimento
Em ver-vos se não rende e obedece?

Que mor glória na vida se oferece
Que ocupar-se em vós o pensamento?
Toda a pena cruel, todo o tormento
Em ver-vos se não sente, mas esquece.

Mas se merece pena quem amando
Contínuo vos está, se vos ofende,
O mundo matareis, que todo é vosso.

Em mim podeis, Senhora, ir começando,
Que claro se conhece e bem se entende
Amar-vos quanto devo e quanto posso.

185

Se tanta pena tenho merecida
Em pago de sofrer tantas durezas,
Provai, Senhora, em mim vossas cruezas,
Que aqui tendes ũa alma oferecida.

Nela exprimentai, se sois servida,
Desprezos, desfavores e asperezas;
Que mores sofrimentos e firmezas
Sustentarei na guerra desta vida.

Mas contra vossos olhos quais serão?
Forçado é que tudo se lhe renda;
Mas porei por escudo o coração.

Porque, em tão dura e áspera contenda,
É bem que, pois não acho defensão,
Com me meter nas lanças me defenda.

186

Sete anos de pastor Jacó servia
Labão, pai de Raquel, serrana bela;
Mas não servia ao pai, servia a ela,
Que ela só por prêmio pretendia.

Os dias, na esperança de um só dia,
Passava, contentando-se com vê-la;
Porém o pai, usando de cautela,
Em lugar de Raquel lhe dava Lia.

Vendo o triste pastor que com enganos
Lhe fora assim negada a sua pastora,
Como se a não tivera merecida,

Começa de servir outros sete anos,
Dizendo: — Mais servira, se não fora
Pera tão longo amor tão curta a vida!

187

Se tomar minha pena em penitência
Do erro em que caiu o pensamento,
Não abranda, mas dobra meu tormento:
A isto, e a mais, obriga a paciência.

E se ũa cor de morto na aparência,
Um espalhar suspiros vãos ao vento,
Em vós não faz, Senhora, movimento,
Fique meu mal em vossa consciência.

E se de qualquer áspera mudança
Toda a vontade isenta Amor castiga
(Como eu vi bem no mal que me condena)

E se em vós não se entende haver vingança,
Será forçado, pois Amor me obriga,
Que eu só de vossa culpa pague a pena.

188

Suspiros inflamados, que cantais
A tristeza com que eu vivi tão ledo,

Eu mouro e não vos levo, porque hei medo
Que, ao passar do Lete, vos percais.

Escritos pera sempre já ficais
Onde vos mostrarão todos co dedo,
Como exemplo de males; que eu concedo
Que pera aviso de outros estejais.

Em quem, pois, virdes falsas esperanças
De Amor e da Fortuna, cujos danos
Alguns terão por bem-aventuranças,

Dizei-lhe que os servistes muitos anos,
E que em Fortuna tudo são mudanças,
E que em Amor não há senão enganos.

189

Sustenta meu viver ũa esperança
Derivada de um bem tão desejado,
Que quando nela estou mais confiado,
Mor dúvida me põe qualquer mudança.

E quando inda este bem na mor pujança
De seus gostos me tem mais enlevado,
Me atormenta então ver eu que alcançado
Será por quem de vós não tem lembrança.

Assim que, nestas redes enlaçado,
Apenas dou a vida, sustentando
Ũa nova matéria a meu cuidado:

Suspiros de alma tristes arrancando,
Dos silvos dũa pedra acompanhado,
Estou matérias tristes lamentando.

190

Tal mostra dá de si vossa figura,
Sibela, clara luz da redondeza,
Que as forças e o poder da Natureza
Com sua claridade mais apura.

Quem viu ũa confiança tão segura,
Tão singular esmalte da beleza,
Que não padeça mais, se ter defesa
Contra vossa gentil vista procura?

Eu, pois, por escusar essa esquivança,
A razão sujeitei ao pensamento,
Que rendida os sentidos lhe entregaram.

Se vos ofende o meu atrevimento,
Inda podeis tomar nova vingança
Nas relíquias da vida que escaparam.

191

Tanto de meu estado me acho incerto,
Que em vivo ardor tremendo estou de frio;
Sem causa, juntamente choro e rio;
O mundo todo abarco e nada aperto.

É tudo quanto sinto um desconcerto;
Da alma um fogo me sai, da vista um rio;
Agora espero, agora desconfio,
Agora desvario, agora acerto.

Estando em terra, chego ao Céu voando;
Nũa hora acho mil anos; e é de jeito
Que em mil anos não posso achar ũa hora.

Se me pergunta alguém por que assim ando,
Respondo que não sei; porém suspeito
Que só porque vos vi, minha Senhora.

192

Todas as almas tristes se mostravam
Pela piedade do Feitor divino,
Onde, ante o seu aspecto benino,
O devido tributo lhe pagavam.

Meus sentidos então livres estavam.
Que até i foi costume o seu destino,
Quando uns olhos, de que eu não era dino,
A furto da Razão me salteavam.

A nova vista me cegou de todo;
Nasceu do descostume a estranheza
Da suave e angélica presença.

Pera remediar-me não há i modo?
Oh! por que fez a humana natureza
Entre os nascidos tanta diferença?

193

Todo o animal da calma repousava,
Só Liso o ardor dela não sentia;
Que o repouso do fogo em que ardia
Consistia na Ninfa que buscava.

Os montes parecia que abalava
O triste som das mágoas que dizia;
Mas nada o duro peito comovia,
Que na vontade de outrem posto estava.

Cansado já de andar pela espessura,
No tronco de ũa faia, por lembrança,
Escreve estas palavras de tristeza:

"Nunca ponha ninguém sua esperança
Em peito feminil, que de natura
Somente em ser mudável tem firmeza."

194

Tomava Daliana, por vingança
Da culpa do pastor que tanto amava,
Casar com Gil vaqueiro; e em si vingava
O erro alheio e pérfida esquivança.

A discrição segura, a confiança,
As rosas que seu rosto debuxava,
O descontentamento lhas secava,
Que tudo muda ũa áspera mudança.

Gentil planta disposta em seca terra,
Lindo fruto de dura mão colhido,
Lembranças de outro amor e fé perjura,

Tornaram verde prado em dura serra;
Interesse enganoso, amor fingido,
Fizeram desditosa a fermosura.

195

Tomou-me vossa vista soberana
Aonde tinha as armas mais à mão,
Por mostrar que quem busca defensão
Contra esses belos olhos, que se engana.

Por ficar da vitória mais ufana,
Deixou-me armar primeiro da razão;
Cuidei de me salvar, mas foi em vão,
Que contra o Céu não val defensa humana.

Mas porém, se vos tinha prometido
O vosso alto destino esta vitória,
Ser-vos tudo bem pouco está sabido.

Que, posto que estivesse apercebido,
Não levais de vencer-me grande glória.
Maior a levo eu de ser vencido!

196

Tornai essa brancura à alva açucena,
E essa purpúrea cor às puras rosas;

Tornai ao Sol as chamas luminosas
Dessa vista que a roubos vos condena.

Tornai à suavíssima Sirena
Dessa voz as cadências deleitosas;
Tornai a graça às Graças, que queixosas
Estão de a ter por vós menos serena;

Tornai à bela Vênus a beleza;
A Minerva o saber, o engenho e a arte;
E a pureza à castíssima Diana.

Despojai-vos de toda essa grandeza
De dões; e ficareis em toda parte
Convosco só, que é só ser inumana.

197

Transforma-se o amador na cousa amada,
Por virtude do muito imaginar;
Não tenho, logo, mais que desejar,
Pois em mim tenho a parte desejada.

Se nela está minha alma transformada,
Que mais deseja o corpo de alcançar?
Em si somente pode descansar,
Pois consigo tal alma está liada.

Mas esta linda e pura semideia,
Que, como o acidente em seu sujeito,
Assim coa alma minha se conforma,

Está no pensamento como ideia;
E o vivo e puro amor de que sou feito,
Como a matéria simples busca a forma.

198

Transunto sou, Senhora, neste engano.
Tratar dele comigo é escusado,
Que mal pode de vós ser enganado
Quem de outras como vós tem desengano.

Já sei que foi à custa de meu dano
Que só no doce dar tendes cuidado;
Mas pera como eu sou de vós julgado,
Mui vãs são as esp'ranças deste ano.

Tratei grão tempo o Amor, e daqui veio
Conhecer o fingido facilmente,
Que tal é, gentil Dama, o que mostrais.

De treslida caístes neste enleio;
Querei de mim o que eu quiser boamente,
Que no al a costa arriba caminhais.

199

Ũa admirável erva se conhece
Que vai ao Sol seguindo, de hora em hora,
Logo que ele do Eufrates se vê fora,
E, quando está mais alto, então floresce.

Mas, quando ao Oceano o carro desce,
Toda a sua beleza perde Flora,
Porque ela se emurchece e se descora;
Tanto coa luz ausente se entristece!

Meu sol, quando alegrais esta alma vossa,
Mostrando-lhe esse rosto que dá vida,
Cria flores em seu contentamento;

Mas logo em não vos vendo, entristecida,
Se murcha e se consume em grão tormento.
Nem há quem vossa ausência sofrer possa!

200

Um mover de olhos, brando e piedoso,
Sem ver de quê; um riso brando e honesto,
Quase forçado; um doce e humilde gesto,
De qualquer alegria duvidoso;

Um despejo quïeto e vergonhoso;
Um repouso gravíssimo e modesto;
Ũa pura bondade, manifesto
Indício da alma, limpo e gracioso;

Um encolhido ousar; ũa brandura;
Um medo sem ter culpa; um ar sereno;
Um longo e obediente sofrimento:

Esta foi a celeste fermosura
Da minha Circe, e o mágico veneno
Que pôde transformar meu pensamento.

201

Vencido está de Amor meu pensamento
O mais que pode ser vencida a vida,
Sujeita a vos servir e instituída,
Oferecendo tudo a vosso intento.

Contente deste bem, louva o momento,
Ou hora em que se viu tão bem perdida;
Mil vezes desejando a tal ferida,
Outra vez renovar seu perdimento.

Com esta pretensão está segura
A causa que me guia nesta empresa,
Tão estranha, tão doce, honrosa e alta.

Jurando não seguir outra ventura,
Votando só por vós rara firmeza,
Ou ser no vosso amor achado em falta.

202

Verdade, Amor, Razão, Merecimento
Qualquer alma farão segura e forte,
Porém Fortuna, Caso, Tempo e Sorte
Têm do confuso mundo o regimento.

Efeitos mil revolve o pensamento,
E não sabe a que causa se reporte;
Mas sabe que o que é mais que vida e morte
Que não o alcança humano entendimento.

Doutos varões darão razões subidas,
Mas são experiências mais provadas,
E por isto é melhor ter muito visto.

Cousas há i que passam sem ser cridas,
E cousas cridas há sem ser passadas.
Mas o melhor de tudo é crer em Cristo.

203

Vós, ninfas da gangética espessura,
Cantai suavemente, em voz sonora,
Um grande Capitão que a roxa Aurora
Dos filhos defendeu da Noite escura.

Ajuntou-se a caterva negra e dura,
Que na Áurea Quersoneso afouta mora,
Pera lançar do caro ninho fora
Aqueles que mais podem que a Ventura.

Mas um forte Leão, com pouca gente,
A multidão tão fera como néscia
Destruindo, castiga e torna fraca.

Pois, ó Ninfas, cantai! que claramente
Mais do que Leonidas fez em Grécia,
O nobre Leonis fez em Malaca!

204

Vós outros, que buscais repouso certo
Na vida, com diversos exercícios;

A quem, vendo do mundo os benefícios,
O regimento seu está encoberto;

Dedicai, se quereis, ao Desconcerto
Novas honras e cegos sacrifícios;
Que, por castigo igual de antigos vícios,
Quer Deus que andem as cousas por acerto.

Não caiu neste modo de castigo
Quem pôs culpa à Fortuna, quem somente
Crê que acontecimentos há no Mundo.

A grande experiência é grão perigo;
Mas o que a Deus é justo e evidente
Parece injusto aos homens, e profundo.

205

Vós que, de olhos suaves e serenos,
Com justa causa a vida cativais,
E que os outros cuidados condenais
Por indevidos, baixos e pequenos;

Se ainda do Amor domésticos venenos
Nunca provastes, quero que saibais
Que é tanto mais o amor depois que amais,
Quanto são mais as causas de ser menos.

E não cuide ninguém que algum defeito,
Quando na cousa amada se apresenta,
Possa diminuir o amor perfeito;

Antes o dobra mais; e, se atormenta,
Pouco e pouco o desculpa o brando peito;
Que Amor com seus contrários se acrescenta.

206

Vós que escutais em rimas derramado
Dos suspiros o som que me alentava
Na juvenil idade, quando andava
Em outro, em parte do que sou mudado;

Sabei que busca só, do já cantado
No tempo em que ou temia ou esperava
De quem o mal provou, que eu tanto amava,
Piedade, e não perdão, o meu cuidado.

Pois vejo que tamanho sentimento
Só me rendeu ser fábula da gente
(Do que comigo mesmo me envergonho),

Sirva de exemplo claro meu tormento,
Com que todos conheçam claramente
Que quanto ao mundo apraz é breve sonho.

207

Vossos olhos, Senhora, que competem
Co Sol em fermosura e claridade,
Enchem os meus de tal suavidade,
Que em lágrimas, de vê-las, se derretem.

Meus sentidos vencidos se submetem
Assim cegos a tanta divindade;
E da triste prisão, da escuridade,
Cheios de medo, por fugir remetem.

Mas se nisto me vedes por acerto,
O áspero desprezo com que olhais
Torna a espertar a alma enfraquecida.

Oh! gentil cura e estranho desconcerto!
Que fará o favor que vós não dais,
Quando o vosso desprezo torna a vida?

Sobre o autor

Filho de Ana de Sá e Simão Vaz de Camões, fidalgo empobrecido de origens galegas, Luís Vaz de Camões deve ter nascido em Lisboa entre 1524 e 1525. Sua mocidade deve ter-se transcorrido em Coimbra, a contarmos com a confissão, num poema seu, de longo tempo e de amores passados junto ao Mondego. Sobre esta hipótese se levantam também as explicações para a cultura enciclopédica de Camões, que aí teria cursado a Universidade, fato jamais encontrado em algum documento comprobatório. Hipótese mais plausível relaciona os seus estudos a um tio, D. Bento, prior do Mosteiro de Santa Cruz e Cancelário da Universidade, que se teria encarregado da sua educação.

De volta a Lisboa, teria participado de uma expedição ao Norte da África, provavelmente a Ceuta, onde, num combate com mouros, viria a perder o olho direito, ferido por um pelouro. Numa de suas redondilhas das *Rimas* de 1598 alude ao conhecimento notório em Portugal dessa sua mutilação, por meio da referência à alcunha de Cara-sem-olhos que lhe dera uma dama patrícia.

Em 1550, Camões teria se alistado para a Índia, mas esta partida só se deu de fato em 1553, como prova a carta de perdão encontrada na Torre do Tombo. Nela, dois desembargadores do Paço concedem um perdão em favor de Luís Vaz de Camões, preso no Tronco de Lisboa por ter ferido, junto com outro mascarado, certo Gonçalo Borges, no dia de Corpus Christi. O perdão é concedido com o pagamento de uma multa de quatro mil-réis. De fato, as cartas de Camões do mesmo período, que nos chegaram em apógrafos, no-lo mostram numa convivência boêmia com prostitutas e arruaceiros, descrevem variadas cenas de espancamento e comentam sobre ordens de prisão contra vários membros do grupo. Em resumo, após esse período conturbado, Camões embarca para a Índia em março de 1553, na armada de Fernando Álvares Cabral.

Começam então os 17 anos de peregrinação do poeta pelo Oriente. Ao que tudo indica participou de uma expedição ao Malabar e de outra ao estreito de Meca. Vagueou pela Índia e pela China, sempre perseguido pela pobreza, apesar da popularidade granjeada por seu engenho poético e valor pessoal. Naufragou na foz do rio Mekong, salvando a nado os originais de sua epopeia, como narra na estrofe 128 do último canto, morrendo, porém, no mesmo naufrágio, uma sua amante chinesa, origem do ciclo imortal de sonetos para Dinamene, nome de uma ninfa usado por ele para representá-la.

Em certo momento, promessas de trabalho o levaram para Moçambique, onde inclusive chega a ser preso por dívidas de viagem. Nesse período foi-lhe furtado o *Parnaso de Luís de Camões*, livro em que organizava suas poesias líricas.

Voltando a Lisboa, busca em vão a proteção da família de Vasco da Gama, herói do Poema. Desencantado com o total desinteresse que encontra, introduz no mesmo algumas acerbas estâncias julgando o ocorrido. Finalmente, em setembro de 1571, consegue um privilégio para a impressão d'*Os Lusíadas*, que vem à luz no ano seguinte. Em 27 de julho de 1572, D. Sebastião lhe concede a pensão anual de 15 mil réis, quantia de valor medíocre, mas que será mantida após a morte do poeta em benefício de sua mãe.

Publicada a epopeia, nada mais de concreto se sabe sobre a vida de Camões, até sua morte a 10 de junho de 1580, data que é hoje o dia nacional de Portugal.

Conheça os títulos da
Coleção Clássicos para Todos

A Abadia de Northanger – Jane Austen
A arte da guerra – Sun Tzu
A revolução dos bichos – George Orwell
Alexandre e César – Plutarco
Antologia poética – Fernando Pessoa
Apologia de Sócrates – Platão
Auto da Compadecida – Ariano Suassuna
Como manter a calma – Sêneca
Do contrato social – Jean-Jacques Rousseau
Dom Casmurro – Machado de Assis
Feliz Ano Novo – Rubem Fonseca
Frankenstein ou o Prometeu moderno – Mary Shelley
Hamlet – William Shakespeare
Manifesto do Partido Comunista – Karl Marx e Friedrich Engels
Memórias de um sargento de milícias – Manuel Antônio de Almeida
Notas do subsolo & O grande inquisidor – Fiódor Dostoiévski
O albatroz azul – João Ubaldo Ribeiro
O anticristo – Friedrich Nietzsche
O Bem-Amado – Dias Gomes
O livro de cinco anéis – Miyamoto Musashi
O pagador de promessas – Dias Gomes
O Pequeno Príncipe – Antoine de Saint-Exupéry
O príncipe – Nicolau Maquiavel
Poemas escolhidos – Ferreira Gullar
Rei Édipo & Antígona – Sófocles
Romeu e Julieta – William Shakespeare
Sonetos – Camões
Triste fim de Policarpo Quaresma – Lima Barreto
Um teto todo seu – Virginia Woolf
Vestido de noiva – Nelson Rodrigues

Direção editorial
Daniele Cajueiro

Editora responsável
Ana Carla Sousa

Produção editorial
Adriana Torres
Laiane Flores
Júlia Ribeiro
Allex Machado

Revisão
Sabrina Primo
Rayana Faria

Capa
Sérgio Campante

Diagramação
Alfredo Rodrigues

Este livro foi impresso em 2022
para a Nova Fronteira.